A Filosofia
e a Felicidade

A Filosofia e a Felicidade
Philippe van den Bosch

Tradução
MARIA ERMANTINA GALVÃO

Martins Fontes
São Paulo 1998

Esta obra foi publicada originalmente em francês com o título
LA PHILOSOPHIE ET LE BONHEUR por Flammarion.
Copyright © Flammarion, 1997.
Copyright © Livraria Martins Fontes Editora Ltda.,
São Paulo, 1998, para a presente edição.

1ª edição
dezembro de 1998

Tradução
MARIA ERMANTINA GALVÃO

Revisão gráfica
Eliane Rodrigues de Abreu
Ana Luiza França
Produção gráfica
Geraldo Alves
Paginação/Fotolitos
Studio 3 Desenvolvimento Editorial (6957-7653)
Capa
Katia Harumi Terasaka

Dados Internacionais de Catalogação na Publicação (CIP)
(Câmara Brasileira do Livro, SP, Brasil)

Bosch, Philippe van den
A filosofia e a felicidade / Philippe van den Bosch ; tradução Maria Ermantina Galvão. – São Paulo : Martins Fontes, 1998.

Título original: La philosophie et le bonheur.
Bibliografia.
ISBN 85-336-0987-6

1. Desejo (Psicologia) – História 2. Felicidade – História I. Título.

98-5422   CDD-170

Índices para catálogo sistemático:
1. Felicidade : Filosofia   170

Todos os direitos para o Brasil reservados à
Livraria Martins Fontes Editora Ltda.
Rua Conselheiro Ramalho, 330/340
01325-000 São Paulo SP Brasil
Tel. (011) 239-3677 Fax (011) 3105-6867
e-mail: info@martinsfontes.com
http://www.martinsfontes.com

*A Christine, por tantas felicidades
e infelicidades passadas juntos.*

Índice

Preâmbulo 13
Nota para uso dos estudantes secundários e dos universitários

Introdução:
em busca da felicidade............................. 17
   A sabedoria, método da felicidade
   Dificuldades de uma definição da felicidade
   A felicidade, fim último dos homens
   A felicidade, estado de satisfação total dos desejos
   A felicidade, absurdo?
   A felicidade, impossível?
   As crises existenciais

I. A CONCEPÇÃO COMUM
DA FELICIDADE E SEUS PROBLEMAS 27

A satisfação total dos desejos,
ideal da sociedade de consumo 29
   Elogio do desejo
   A antiga condenação moral e religiosa do prazer
   Maio de 68 e a inversão dos valores

A necessidade do poder absoluto
(segundo os sofistas) 35
   A onipotência, condição da felicidade
   Saber convencer, ou a arte retórica
   A comunicação moderna
   O imoralismo na escola dos sofistas
   O elitismo secreto da felicidade democrática

*Origem e valor das proibições morais
(segundo os sofistas)* 43
    O embuste da moral
    O direito natural do mais forte

O desejo é naturalmente bom? 51
    As descobertas da psicanálise
    A origem da agressividade humana
    Inocência do desejo
    O destino de Reich e sua posteridade
    Freud crítico de Reich: a pulsão de morte
    Necessidade da educação repressiva
    Ciências humanas e filosofia
    A bondade do homem segundo Rousseau

II. A INFELICIDADE DO DESEJO 63

*O desejo procede da falta
(segundo* O banquete *de Platão)* 65
    Natureza de Eros segundo Diotima
    O mito do andrógino original
    O sofrimento do desejo

Natureza do prazer 71
    O prazer e a felicidade

O desejo insaciável 75
    A lógica perversa dos possíveis

III. AS GRANDES SABEDORIAS 79

O epicurismo 81
    O materialismo contra as angústias religiosas
    A morte não é nada para nós
    A moderação dos desejos
    Crítica da sabedoria epicurista

*A negação de todo desejo
ou o budismo* 89
    O nirvana, o carma e a reencarnação
    O budismo, sabedoria ou religião?

O pessimismo de Schopenhauer
Desespero e beatitude segundo André Comte-Sponville
O budismo, adoração do nada

O amor ao destino, ou o estoicismo 99
Loucura dos desejos
O que depende de mim
O segredo da felicidade
A exaltação da vontade e o erro dos orientais
O domínio do pensamento
Amar seu destino
A Providência
Epicteto e Marco Aurélio
Crítica do estoicismo

O domínio das paixões da alma
(segundo Descartes) 111
A alma e o corpo
A morte, separação da alma e do corpo
Debate com o materialismo
Os mecanismos da percepção
As paixões e sua origem corporal
A paixão de medo
O ato reflexo
Função natural das paixões
As paixões más: a cólera
Desregramentos passionais
Lógica da depressão
O psicológico e o somático. Conflito e reconciliação
O domínio das paixões e a ciência total
Julgar bem para proceder bem
A experiência pessoal
Indulgência para com o crime passional
Eliminar as paixões
O exemplo do adestramento e da linguagem
O hábito contra as paixões
A felicidade e as emoções interiores da alma

Paixões e emoções: o caso do viúvo
O estranho prazer da tragédia
A generosidade, ou a livre disposição de suas vontades
A felicidade da virtude

IV. ONTOLOGIA DO DESEJO 137

A sublimação do desejo
(segundo Freud) 139
   Os primeiros desejos da criança
   O processo educativo
   O complexo de Édipo
   O recalque e as proibições
   Repressão social do amor
   Limites da análise freudiana

O mimetismo e o desejo de reconhecimento 147
   O contágio dos desejos
   O desejo de reconhecimento
   O esporte e o sentido da competição
   A presença de outrem
   O ser para si, nada e liberdade
   Ser e amar, em vez de possuir

O amor e o desejo absoluto
(segundo Platão) 159
   O amor à beleza
   O ideal e o real
   As coisas sensíveis e o fluxo do devir
   Eternidade das idéias
   A reminiscência
   A concordância das mentes
   O mundo inteligível
   A alegoria da caverna
   O desejo do absoluto
   O dualismo ascético do *Fédon*
   A triplicidade da alma
   A teoria clássica das paixões
   A justiça na alma

A desigualdade das almas
Os erros do amor
O absoluto: o Bem ou Deus
A elevação pelo amor
Almas nobres ou vis
Vida mista e prazeres impuros

V. A SABEDORIA SUPREMA 183

A atividade da felicidade
(segundo Aristóteles) 185
O erro das definições anteriores da felicidade
A felicidade na atividade conforme à minha natureza
Realização da natureza pensante do homem
A alegria do conhecimento
Prazer efêmero e satisfação profunda
Um certo elitismo
A escravidão
Uma vida de homem livre
A magnanimidade
Sabedoria e virtude
A contemplação metafísica

O problema da existência de Deus 201
A questão das provas da existência de Deus
Definições de Deus
As três grandes metafísicas: materialismo, vitalismo, espiritualismo
Deus e as ciências modernas
Deus dos filósofos, Deus dos religiosos
A aposta de Pascal
As exigências da lei religiosa e a felicidade terrestre
A verdadeira fé segundo Kierkegaard
Crítica de Kierkegaard
A tradição pessimista agostiniana
A influência dos pensamentos dualistas
O Deus de amor de Santo Tomás

A verdadeira exigência divina: o amor
A excelência da razão segundo Santo Tomás
Por que Deus criou o mundo?
A causa do mal
A felicidade pela lei e pela fé
Diversidade das vias do Bem
A religião não exclui a sabedoria

A felicidade espiritual 229
    Conflito com a concepção moderna do homem
    O respeito pela vida e suas contradições
    O fundamento do respeito pelo homem
    Polêmica de Sartre contra a idéia de natureza humana
    Verdadeiro pensamento e falsa cultura
    A arte
    Condições políticas da felicidade
    O desenvolvimento espiritual, fim político último
    Da amizade
    Do uso correto dos prazeres carnais
    Infelicidade dos seres desprovidos de ideal
    Superioridade dos prazeres intelectuais
    A sabedoria, cuidado de si e superação

Posfácio: atualidade e devir da filosofia 253
    A origem e a evolução da filosofia
    O cepticismo de Hume
    O dogmatismo de Platão a Husserl
    O criticismo de Kant
    A filosofia especulativa de Hegel
    A situação da filosofia hoje
    A desconstrução da metafísica por Heidegger
    Morte da filosofia?
    Os últimos filósofos
    Da obscuridade dos filósofos
    Aposta filosófica, aposta democrática

Bibliografia 269

Preâmbulo

> *"A felicidade não é algo fácil, é muito difícil encontrá-la em nós e impossível encontrá-la alhures."*
>
> CHAMFORT

Esta obra não se dirige aos especialistas, mas ao homem culto do século XX que se coloca questões existenciais, ainda que muitas vezes seja neófito em filosofia. Tentaremos responder a esta pergunta: "Como viver para ser feliz?" Tentando raciocinar logicamente para encontrar uma solução, reencontraremos as teses dos grandes filósofos do passado. Por conseguinte, esta obra também pode ser considerada uma *introdução à filosofia*, através de um de seus temas essenciais, a felicidade. Nenhum saber prévio é necessário, e este livro tentará em seu desenrolar proporcionar conhecimentos fundamentais. Com efeito, esta obra está ligada a uma aposta. A aposta de que se pode filosofar, penetrar no âmago dos grandes problemas da humanidade, compreender as diferentes posições que se enfrentam e o que elas põem em jogo, e julgar por si mesmo, sem ser um "técnico" em filosofia e sem passar necessariamente por cinco ou dez anos de estudos especializados.

Expor as doutrinas filosóficas sobre a felicidade parece-me constituir um ato de salubridade pública. De fato, hoje muitas são as pessoas rejeitadas por nossa sociedade de concorrência feroz e de sacralização das riquezas materiais. Elas sentem um profundo desnorteamento e buscam um sentido mais espiritual para a existência. Ora, nosso mundo não lhes propõe nenhum outro ideal e exclui aqueles que não se satisfazem com esse culto do egoísmo ferrenho. São as vítimas mais apropriadas das seitas que, por trás da oferta de um reconforto aparente, limitam-se a manipular, explorar, extorquir e alienar. Desse modo, vale a pena tentar mostrar que essas aspirações encontram respostas na venerável tradição filosófica.

Entretanto, evitei abordar cada doutrina filosófica de maneira *histórica*, como um objeto do passado, que deva ser apreendido em seu distanciamento e em sua estranheza, assim como faz a maioria das obras eruditas, o que apresenta o risco de tornar a filosofia desinteressante, cristalizando-a numa historicidade empoeirada que já não nos diz respeito. Ao contrário, empenhei-me em reconstruir cada sistema de pensamento como que "internamente", mostrando como se chega necessariamente a sustentar certa tese para responder a determinadas questões que sempre se nos apresentam hoje. Essa abordagem *problemática* parece-me a de uma filosofia viva. O exercício do pensamento é mesmo *procurar a verdade*, a solução de um problema, encarar cada tese como uma resposta válida possível, expor os argumentos em seu favor e depois, eventualmente, aperceber-se de suas insuficiências, descobrir objeções que levem à refutação dessa tese ou dessa doutrina e tornar a sair em busca de outra solução para o problema inicial.

Num certo sentido, tudo o que a filosofia afirma (e tudo o que sustento neste livro) é provisório, pois sempre sujeito à discussão. Ninguém é menos dogmático[1] do que um filósofo: se lhe mostram *pela razão* que ele se enganou, abandona imediatamente sua tese e adota aquela que lhe demonstram ser

---

1. No sentido corrente e pejorativo do termo, daquele que pretende enunciar verdades absolutas e sagradas, dogmas, e não admite dúvida nenhuma nem discussão nenhuma. No sentido filosófico, "dogmático" quer dizer simplesmente "que acredita que a verdade é cognoscível pela mente humana" e se opõe a "céptico". Nesse sentido, todo grande filósofo é dogmático, como afirma Husserl, ou seja, otimista quanto à possibilidade de descobrir a verdade.

verdadeira. Portanto, cada leitor tem a liberdade de refutar minhas críticas e de optar pela sabedoria que lhe convenha, mesmo que eu ache ser meu dever engajar-me e sustentar a solução que me parece válida.

Nota para uso dos estudantes secundários e dos universitários

Esta maneira *problematizada* de praticar a filosofia é de grande valia para a dissertação, sobretudo nos vestibulares. Por causa desse tipo de abordagem, nem sempre respeitei a maneira pela qual os próprios filósofos apresentaram suas doutrinas. Mas, embora tenha modernizado um tanto a letra, espero não ter sido infiel ao espírito de seus sistemas.

Quanto ao estudante secundário, esta obra trata especialmente dos temas do desejo, das paixões e da felicidade, mas fornece elementos sobre muitas outras noções: a liberdade, a consciência e o inconsciente, o outro, a existência, a morte, natureza e cultura, a razão, a linguagem, a idéia, a constituição de uma ciência do homem, a arte, a técnica, a religião, a sociedade, o poder, a violência, o direito, a justiça, o dever, a pessoa e a metafísica.

Ela constitui, ademais, um vasto exemplo de estilo dissertativo. Entretanto, numa dissertação escolar sobre esses temas, costuma-se dizer sempre "nós" e não "eu", pois fala-se em nome da universalidade racional, a qual engloba todos os seres racionais que devem sempre poder ficar de acordo com nossos raciocínios. Permiti-me, a exemplo de Descartes e de Sartre, apresentar certas análises na primeira pessoa, para deixar o estilo mais leve. Mas é claro que aqui se trata de um "eu" universal, que inclui o do leitor.

Desejo pois que este livro, escrito principalmente para todos os que se interrogam sobre sua existência, seja também útil aos estudantes secundários e universitários.

Introdução:
em busca da felicidade

Que devo fazer para ser feliz? Esta é a pergunta que todo homem faz a si mesmo. Uma ciência antiga era tradicionalmente incumbida de responder a esta pergunta: a filosofia.

A sabedoria, método da felicidade

A filosofia é para a maior parte de nós uma disciplina muito estranha e obscura. Entretanto, ela tem um objeto muito simples que deveria concernir à maioria das pessoas, uma vez que sua primeira vocação é preocupar-se com a felicidade dos homens. Com efeito, todos o sabem, filosofia quer dizer em grego "amor pela sabedoria", e a *sophia*, a sabedoria, em seu sentido original nada mais é senão o método da felicidade[1], e *methodos* significa o caminho. A sabedoria é, estritamente falando, a técnica da felicidade. Ensina-nos receitas para ser feliz. Portanto, o filósofo é, em primeiro lugar, aquele que tenta descobrir e elaborar uma sabedoria, ou seja, um saber que indique os verdadeiros meios de alcançar a felicidade. Ainda que se tenha perdido um pouco esse sentido original do termo

---

1. *Sophia* também pode designar o saber e *sophos*, o sábio, mas, para os gregos, o saber autêntico deve contribuir para a felicidade, senão ficaria privado de sentido.

"sabedoria", uma vez que já não a referimos espontaneamente à busca da felicidade. Até nossos dicionários o esqueceram. Na sabedoria, agora só vemos uma atitude de moderação, de calma, de seriedade, até mesmo de abstinência, de renúncia, que quase só recomendamos às crianças... Visualizamos uma aparência cuja finalidade nos escapa, e conviria interrogar-se sobre essa estranha perda de sentido de que somos vítimas, nós, homens modernos, ou melhor, pós-modernos[2]... Decerto pensamos presunçosamente saber como conquistar nossa felicidade e já não ter necessidade de sabedoria para nos ajudar a alcançá-la, a ponto de fazer sua idéia morrer antes mesmo de deixar seu nome cair em desuso.

Assim, eventualmente teremos de justificar a pretensão da filosofia de nos ensinar alguma coisa sobre a nossa felicidade, se um dia sentirmos a necessidade de recorrer às suas luzes. Por ora, deixemos de lado velhas ciências e velhas barbas e abordemos sem receio nossa questão: como ser feliz? Procuraremos definir o que é a felicidade a fim de ver se não se segue imediatamente um meio fácil de conquistá-la.

Dificuldades de uma definição da felicidade

Apresenta-se uma primeira objeção: todos nós sabemos o que é a felicidade, isso é óbvio, por isso uma definição é

---

2. A distinção entre moderno e pós-moderno foi operada por um intelectual contemporâneo, Jean-François Lyotard, em sua obra *La condition postmoderne* (Éditions de Minuit, 1979). Moderno não é sinônimo de contemporâneo, mas opõe-se a tradicional. É moderno quem pensa que a verdade, o bem e a sabedoria não residem nas tradições, nas idéias e nos costumes de nossos antepassados, mas no que nossa mente pode descobrir. Portanto, o moderno rejeita as tradições em nome da razão, da inovação e do progresso. Desde o Renascimento, nossa civilização é resolutamente moderna. Mas nossa época, que duvida do progresso e até da capacidade para encontrar o verdadeiro e o bem, é daí em diante pós-moderna. Ela duvida dos "grandes relatos de legitimação" do verdadeiro e do bem, como o diz J.-F. Lyotard.

bem inútil! Está certo, mas todos nós também compreendemos a palavra "sabedoria", e no entanto seu verdadeiro sentido nos ficava obscuro; um esforço para definir nunca é uma precaução inútil, e tanto melhor se se revela breve.

Não obstante, surge logo uma segunda objeção: a felicidade é algo pessoal, cada qual tem sua felicidade própria, diferente daquela de outrem. Portanto, não se pode dar nenhuma definição universal da felicidade. O argumento é nominalista[3], ou seja, ele bem reconhece que existe um *nome* geral, o termo *felicidade*, mas nega que lhe corresponda uma realidade única, ou mesmo simplesmente uma idéia geral na mente humana. Mas esse argumento é também especioso: por certo, num sentido, a felicidade de cada qual é diferente: a de Harpagon reside na riqueza, a de Dom Juan na conquista das mulheres etc.; entretanto, há mesmo em todas essas felicidades diferentes algo em comum, que faz com que as designemos todas legitimamente pelo mesmo termo felicidade: há um conjunto de características comuns em todos os estados de felicidade perseguidos pelos indivíduos, que constitui o que os filósofos chamam de a "essência" da felicidade. Uma boa definição é a que enuncia a essência verdadeira de um ser. Vamos pois, sem mais tardar, em busca da essência da felicidade.

A felicidade, fim último dos homens

A felicidade é sobretudo o que todos os homens desejam. Cada ser humano no mundo procura ser feliz, ninguém pode negá-lo de boa-fé. Alguns podem eventualmente ter renunciado a ser felizes, porque estão decepcionados com a vida, porque nada mais esperam dela, porque sabem que não

---

3. Posição filosófica assim denominada na Idade Média, quando provocou intensas discussões, e que ainda hoje se acha sustentada por certos lógicos.

têm, ou deixaram de ter, os meios de alcançá-la, por exemplo, se estão incuravelmente doentes ou irremediavelmente diminuídos pela velhice, ou se seu único amor, o único ser que possa torná-los felizes, já não está neste mundo. Mas o desejo da felicidade não fugiu totalmente de seus corações, só que o julgam irrealizável, pois, se alguma potência mágica oferecesse realizar seus desejos e restituir-lhes o ser adorado, ou a juventude e a saúde, ou ainda conceder-lhes a riqueza ou o amor compartilhado, eles não recusariam essa dádiva.

Portanto estamos vendo bem que todos os homens desejam experimentar a felicidade e no fundo só desejam mesmo isso, pois, como dizia o filósofo grego Epicuro três séculos antes de nossa era:

Com a felicidade temos tudo de que precisamos, e se não somos felizes fazemos de tudo para sê-lo.

De fato, se sou feliz, não necessito de nada mais, estou realizado, nada mais me falta daí em diante. Ademais, tudo o que faço é tendo em vista minha felicidade. Cada coisa que eu desejo ou que realizo é apenas um meio para conseguir ser feliz. E, até mesmo, só desejo as coisas porque suponho que contribuirão para proporcionar-me a felicidade, sem o quê, não me interessaria por elas.

Assim, se perguntassem a um estudante por que ele se levanta e toma um ônibus de manhã, ele responderia que é para ir estudar.

"E por que ele vai estudar?
– Para ter diplomas.
– Por que os quer? Serão um fim em si mesmos?
– Não, mas permitem arranjar trabalho.
– Por que querer trabalhar? Será um prazer tão grande?
– Claro que não! Mas trabalha-se para ganhar dinheiro.
– E por que se quer dinheiro? Para colecionar as notas?

INTRODUÇÃO: EM BUSCA DA FELICIDADE

– Mas não! Para poder comprar todos os objetos ou dedicar-se a todas as atividades que se deseja.
– E por que se quer tudo isso?
– Pois bem, para ser feliz!"

Portanto a felicidade é o fim do qual todos os atos são apenas os meios que formam uma longa cadeia. Assim são construídas nossas existências, totalmente orientadas para esse único objetivo. Mas, se prolongássemos a interrogação e se nos perguntássemos por que queremos ser felizes, ficaríamos mudos, estupefatos de não encontrar resposta. Sem dúvida nós nos sentiríamos muito estúpidos por fracassar assim, mas nisso não há nenhuma estupidez, pois não há nenhuma resposta para tal questão: a felicidade, a nossa felicidade, não serve para nada. Ela é isso a que visamos quando queremos todas as coisas, mas ela mesma não visa a coisa alguma. Resumiremos toda esta análise assim: a felicidade é o fim último em nossa existência, aquilo em relação a que todas as outras coisas são apenas meios, fins subalternos e provisórios, ao passo que ela é um fim absoluto e não é meio para nada mais.

Não obstante, não atingimos até agora senão uma caracterização relativamente exterior da felicidade: sabemos que é o fim último e universal dos homens, mas isto não basta para defini-la corretamente. Com efeito, que ela é em si mesma? Suponhamos que um extraterrestre recém-desembarcado nos peça que o instruamos: ele continua não sabendo com que se parece essa famosa felicidade. Portanto ainda não lhe apreendemos a essência.

A felicidade, estado de satisfação total dos desejos

A felicidade é um estado de satisfação, de contentamento, de alegria. Mas uma alegria bastará para constituir a felicidade? Não mais do que uma andorinha para fazer o verão, diz Aristóteles de um modo bonito. Dizemos às vezes "UMA felicidade" para dizer "uma alegria", mas A felicidade é algo muito diferente, e sobretudo bem mais do que uma alegria passageira. Fica claro desde então que a felicidade deva ser um contentamento duradouro, um estado estável, permanente, e, refletindo-se nisso, talvez até eterno. De fato, se nossa felicidade viesse a interromper-se, ela é que deixaria lugar a uma insatisfação, a um descontentamento, a um sofrimento; então não seria a verdadeira felicidade, já que acolheria também todo o seu contrário. "Um momento de felicidade" é portanto, estritamente falando, uma expressão imprópria, quase contraditória, pois isso é confundir a felicidade com a simples alegria, a cuja essência não repugna que seja concebida apenas como provisória, ao passo que a felicidade, por sua vez, é permanente, ou não é. A felicidade a que aspiramos todos deve, se não ser necessariamente eterna – pois não estamos de modo algum seguros da eterna sobrevivência de nossa alma –, pelo menos perdurar ao longo de toda a nossa vida.

Agora coloca-se a seguinte questão: como atingir uma felicidade assim? A resposta parece ser simples e impor-se logicamente: com a satisfação de todos os meus desejos, alcançarei um estado de contentamento perfeito. De fato, cada desejo saciado proporciona-me prazer, às vezes físico, sempre espiritual, ou seja, alegria. E um acúmulo de alegria deve produzir um estado de satisfação permanente.

Ainda é preciso que nenhum desejo fique insaciado, pois, se a satisfação de um desejo dá-me prazer e alegria, um desejo insatisfeito faz-me sofrer. Por exemplo, ter sede é desejar beber, e consumir um copo de água proporciona-me um vivo prazer, ao passo que ser privado dele me condena ao sofrimento, leve primeiro, depois cada vez mais intenso. E pensemos na mágoa constante em que vive o enamorado tímido, ardente de desejo por uma mulher que se recusa cruelmente a ele.

INTRODUÇÃO: EM BUSCA DA FELICIDADE

Ser feliz requer portanto a satisfação de todos os meus desejos. Se restasse ainda que um só insaciado, minha alma não ficaria realizada, ficaria como que envenenada por essa lacuna, e eu não seria feliz. É por isso que o filósofo Kant define a felicidade como "a totalidade das satisfações possíveis", ou seja, o fato de obter todas as satisfações que seja possível ter, ou que possamos imaginar e que por isso mesmo desejamos experimentar.

Por conseguinte, ser feliz significa também não ter nada mais de diferente para desejar. Com efeito, "com a felicidade temos tudo de que precisamos", como já nos disse Epicuro. Estando satisfeitos todos os nossos desejos, já não teríamos nenhum mais, uma vez que o desejo se esvai no mesmo momento de sua satisfação, como a sede desaparece quando se toma água. O desejo morre no êxtase do prazer.

A felicidade, absurdo?

Mas então a felicidade não é algo contraditório? De fato, se realizamos todos os nossos desejos, depois de ficarmos imersos uns tempos na mais completa felicidade, se já não temos nenhum desejo, não corremos o risco de afundar-nos no tédio? Então já não seria a felicidade! O tédio implica que tenhamos ao menos um novo desejo: o de sair dele, pois é um estado desagradável, e que tenhamos o desejo de algum acontecimento, de alguma novidade que venha romper a monotonia de nossa existência. Um estado duradouro de vida sem desejo parece absurdo, pois isto produziria um tédio gerador de desejos, ou então seria a morte, uma morte completa, absoluta, sem sensações nem pensamentos, uma vez que sem desejos, portanto sem sobrevivência da alma, e por conseguinte não seria de modo algum uma vida.

A fim de escapar a essa incômoda contradição – pois ela repudiaria como laivado de absurdo o que todos os homens perseguem, isso mesmo que mais nos importa no mundo, a felicidade –, temos de aceitar fazer um pequeno esforço intelectual suplementar a fim de concebê-lo melhor. Podemos pensar que o estado de felicidade não consiste na realização instantânea de todos os nossos desejos, o que depois nos deixaria tornarmo-nos vítimas de uma temporalidade vazia que nos condena a um tédio mortífero, mas que a satisfação de nossos desejos deva ser harmoniosamente distribuída ao longo de toda a nossa vida, de modo que, assim que o prazer nascido do saciamento de um desejo perca a intensidade e diminua, seja substituído por uma nova satisfação, e isso sempre sem interrupção, para que permaneçamos constantemente num estado de felicidade perfeita. Portanto, para sermos felizes, seria preciso que tivéssemos decerto novos desejos (contrariamente ao que havíamos pensado à primeira vista), mas que pudéssemos satisfazê-los assim que os tivéssemos concebido, sem que houvesse empecilhos, nem espera que despertasse em nós uma impaciência penosa, um receio de fracasso angustiante, uma irritação, um enervamento, um sofrimento mesmo dessa carência, desse prazer inacessível no instante, que seriam fatais à nossa felicidade.

A felicidade, impossível?

Entretanto, enquanto fazemos essas poucas reflexões para compreender o que é a felicidade e para tentar produzir uma definição dela, podemos ser assaltados por uma dúvida: uma felicidade dessas é acessível ao homem? Poderei realmente conseguir satisfazer todos os meus desejos, e mesmo logo depois de tê-los concebido, e assim viver permanentemente em prazeres sempre renovados, eliminando toda aflição e toda contrariedade? Isso parece muito além de minhas capacidades, e posso ser tomado por certo desencorajamento com esse pensamento. Há aí todavia um famoso paradoxo, que me

INTRODUÇÃO: EM BUSCA DA FELICIDADE

pareceria muito divertido se não me dissesse tanto respeito: todos os homens correm a vida toda atrás da felicidade, a coisa mais importante para eles, lançam-se numa profusão de empreitadas, preocupam-se com muitas coisas, refletem nelas até torturar a mente, mas nenhum consagra um minuto de sua vida a meditar sobre o que é realmente a felicidade e a saber se ela é pelo menos acessível! Os homens talvez persigam uma quimera inatingível, o que uma reflexão elementar como a que acabamos de fazer basta para sugerir-nos. Seria cômico se não fosse de um absurdo trágico, e se não participássemos desse destino.

Já vemos desenhar-se aí a necessidade da filosofia. Em vez de ir à caça da felicidade de modo totalmente irrefletido, como fazem quase todos os homens, convém ao contrário fazer um esforço de pensamento para primeiro saber exatamente o que é a felicidade, como alcançá-la, e sobretudo assegurar-se de que seja acessível. Qualquer um que comece a refletir seriamente na felicidade começa por isso mesmo a tornar-se filósofo, uma vez que reencontra o ponto inicial dos primeiros sábios da Grécia antiga.

As crises existenciais

Há várias maneiras de vir a interrogar-se sobre a felicidade e todas elas são crises existenciais. Oscar Wilde dizia basicamente que há duas tragédias na existência: não conseguir satisfazer todos os desejos e conseguir satisfazer todos os desejos.

Em suma, a existência é sempre trágica para Wilde, que é um grande otimista. O primeiro caso é tristemente corriqueiro: tendo chegado a certa fase da vida, percebe-se que não se consegue obter aquilo de que se precisa para ser feliz. Um abatimento, mesmo um desespero pode suceder a essa tomada de consciência, e isso pode levar à reflexão filosófica porquanto temos de encontrar uma outra via para atingir a felicidade. O segundo caso é mais raro. É o do homem maduro que venceu em tudo na vida, que obteve tudo o que projetara ter, portanto tem "tudo para ser feliz", como se diz, porque precisamente não o é. Seu transtorno é maior ainda: que é que lhe pode então dar a felicidade? Já tem tudo o que se pode desejar. O mundo lhe parece vazio e tedioso. Para alcançar a felicidade, a meditação filosófica é portanto seu último recurso. É possível que a filosofia tenha sido inventada por homens assim. Mas não é necessário atingir uma idade madura para conhecer crises existenciais. O adolescente pode revoltar-se contra o modo de vida padronizado que a sociedade lhe propõe. Bem pressente que ele não lhe trará satisfação. Mas não sabe o que lhe propiciará a felicidade. Portanto, também ele deve começar a refletir para o saber e assim já tornar-se um pouco filósofo.

Fica claro desde então que para encontrar a felicidade não podemos fazer economia de uma investigação filosófica, nem nos privar das luzes dos grandes pensadores.

I
A CONCEPÇÃO COMUM DA FELICIDADE E SEUS PROBLEMAS

A satisfação total dos desejos, ideal da sociedade de consumo

A maioria dos homens evita ciosamente realizar reflexões semelhantes às que acabamos de efetuar. Para eles, o caminho da felicidade é simples, ao menos quanto à sua direção. Basta acumular certo número de bens, de satisfações, na verdade todos os que podemos desejar, para alcançá-la. Ora, acontece que vivemos numa sociedade industrial avançada que se atribui a missão de produzir todos os bens de que necessitamos para ser felizes e de oferecê-los ao ator econômico, em forma de objetos ou de serviços. O verdadeiro problema é ter os meios para proporcionar-se tais bens. Aí, também, grande é a nossa possibilidade! Nossa sociedade liberal visa a um crescimento geral das riquezas e, por tabela, uma elevação do nível de vida de cada um.

Elogio do desejo

Assim, para ser feliz, há que ter desejos e sobretudo ter o poder de saciá-los. Com efeito, um desejo insaciado faz sofrer, ao passo que desejos realizados dão satisfações cujo acúmulo constitui a felicidade. Por conseguinte, o desejo é uma coisa boa: pois, quanto mais desejos tenho, mais sou capaz de satisfazê-los, e mais feliz sou. Este é mesmo o ideal – ou a ideologia – de nossa sociedade de consumo, que, a pretexto de proporcionar o bem-estar, não pára de inventar novos objetos, portanto novos desejos, e possui mesmo uma técnica especial para despertá-los: a publicidade. Ora, inventar novos objetos de desejo seria absurdo, pois isto apresentaria o risco de provocar novas frustrações se eles se revelassem inacessíveis. A não ser, precisamente, que se pense que é bom desejar muito, já que isto também permite usufruir muito.

"É bom desejar", este é o credo contemporâneo; o homem é essencialmente um ser de desejo, cada indivíduo se distingue e se define por seus desejos; através deles, afirma sua personalidade, sendo por isso que a educação deve empenhar-se em desenvolver os desejos da criança, a fim de permitir o desabrochar de seu ser[1].

A antiga condenação moral e religiosa do prazer

Convém deter-se um instante nesta idéia para considerar seu aspecto deveras original. De acordo com nossa época, o homem está na terra para seu prazer, para experimentar a felicidade. Há hoje uma espécie de direito ao prazer. Por exemplo, a frigidez é considerada uma doença, e seu tratamento é assumido pela proteção social coletiva, pelo menos na França. Ora, as outras épocas não pensaram em absoluto

---

[1]. Esse elogio do desejo deve ser esteado por certas filosofias, entre outras a desenvolvida pelo pensador contemporâneo Gilles Deleuze (falecido em 1996), notadamente em sua obra escrita junto com o psicanalista Félix Guattari, *L'Anti-Œdipe* (Éditions de Minuit, 1972). Para Deleuze, o desejo é uma potência vital, um dinamismo criador, que nos proporciona alegria. Ele opõe-se a toda uma tradição de pensamento moral e religioso, que condena o desejo (cf. mais adiante), e mesmo a uma tradição filosófica dominante que, de Platão a Freud, concebe o desejo de modo negativo e infeliz, como uma falta (cf. parte II). Deleuze invoca filósofos mais originais, e em geral julgados escandalosos em sua época, como Spinoza e Nietzsche. Estes fundamentam sua apologia do desejo em considerações metafísicas que necessitariam de uma obra completa para ser explicadas.

da mesma forma. Atribuíram metas totalmente diferentes à existência humana. Segundo suas concepções, o homem tem essencialmente deveres para cumprir. Deve portar-se bem, de forma moral, a fim de satisfazer a Deus e merecer sua salvação. Deve realizar grandes coisas a fim de glorificar a Deus. Em conseqüência, deve também servir a seu rei, que é o braço armado de Deus na terra. Depois, com uma pequena mudança cuja lógica é mais obscura, essa idéia do dever foi adaptada à civilização liberal comerciante: o operário deve trabalhar para seu patrão e obedecer-lhe[2]. De fato, o trabalho é um bem, uma virtude, e a descontração é um mal, assim como a diversão e a preguiça, indignas do homem. Assim, no fundo da ideologia da civilização ocidental, está a idéia que o cristianismo resgatou de antigas religiões orientais e que são encontradas nos mitos órficos[3] gregos que influenciaram o pensamento de Platão: o prazer é um mal, é moralmente condenável. Este pensamento, já presente entre os gregos, o berço da civilização ocidental, foi dominante sobretudo durante todas as épocas cristãs, até nosso século, e mes-

---

2. Segundo a célebre tese do sociólogo Max Weber, o papel de mediador lógico teria sido desempenhado pelo dogma da predestinação no seio do protestantismo (cf. parte V, A atividade da felicidade (segundo Aristóteles) e, de Max Weber, *L'éthique protestante et l'esprit du capitalisme*, 1904, trad. fr. Plon, 1964). Segundo esse dogma, os atos e as obras realizados pelo homem não lhe permitem conquistar seu lugar no paraíso. O homem não pode salvar a si mesmo com suas ações, apenas a graça de Deus pode salvá-lo. E a graça é gratuita: Deus a concede como bem lhe apetece. Em resumo, alguns são predestinados ao paraíso, outros não, sem que se possa saber por quê, ou mudar-lhe alguma coisa. Mas a prosperidade aqui na terra torna-se um sinal de eleição. Cumpre tentar ganhar muito dinheiro: caso se consiga, é prova de que a graça divina nos assiste. Mas evidentemente não se deve gastar esse dinheiro, nem aproveitar os prazeres da vida, pois isso seria pecado. Assim se teria forjado essa curiosa ideologia do capitalismo original: deve-se trabalhar, amealhar riquezas, mas não usufruir.

3. O culto de Orfeu se opõe, a partir do século VI a. C., ao de Dioniso, deus de todos os excessos e do frenesi sexual. O poeta mítico Orfeu, que desceu aos Infernos para buscar sua mulher Eurídice, narra em seus cantos a origem má do homem, que deve ser expiada com uma vida de abstinência.

mo até os anos cinqüenta. A verdadeira ruptura ocorreu por volta de 1968, e poderemos perguntar-nos quais são as razões e as conseqüências desse prodigioso desmoronamento no qual não se reflete o suficiente.

É claro, tudo isso só é verdadeiro sobre o discurso dominante, aquele que não se pode contradizer sem ser imediatamente refutado e condenado moralmente ou, pior, jogado na masmorra e queimado vivo. Mas, em todas as épocas, houve rebeldes. Se o discurso oficial se dá tanto ao trabalho de condenar o prazer é com toda evidência porque os homens têm uma propensão natural muito forte para persegui-lo, e sempre houve, em quantidade variável, desfrutadores, libertinos, devassos, que eram arregimentados seja no populacho, entre os marginais incapazes de vergar seus instintos às normas sociais, seja nas elites dirigentes, que impunham essa condenação moral como necessária à manutenção de uma ordem social da qual se aproveitavam, justamente porque a posição deles lhes permitia não se pautar por ela. O Renascimento começou a enxergar outros objetivos para a existência humana, e os libertinos se tornaram suficientemente numerosos no século XVIII para produzir uma espécie de contradiscurso também oficial. Mas as revoluções que se operaram em nome da liberdade redundaram na necessidade da submissão do cidadão à disciplina republicana, depois na exploração do operário no sistema de produção capitalista.

Maio de 68 e a inversão dos valores

Portanto, foi apenas por volta de 1968 que desmoronou essa ideologia. Por quê? Arrisquemos uma hipótese explicativa: uma interpretação de tipo marxista parece pertinente aqui. Havia uma contradição mortal no capitalismo em seu primeiro século: ele prescreve ganhar um máximo de dinheiro pro-

A CONCEPÇÃO COMUM DA FELICIDADE E SEUS PROBLEMAS

duzindo cada vez mais, mas também pelo menor custo, portanto privando a maior parte da população dos meios de aproveitar bens assim produzidos e, em conseqüência, limitando consideravelmente o número de consumidores, portanto freando seu próprio desenvolvimento. Ele tinha, por conseguinte, de distribuir melhor as riquezas adquiridas a fim de transformar todos os homens em consumidores. Mas então surgia uma segunda contradição, entre o que os marxistas denominam o desenvolvimento das forças produtoras e a ideologia do capitalismo iniciante, que pregava o trabalho e a produção, mas condenava a fruição do consumo. Cumpria, pois, extirpar das mentes essa velha moral e substituí-la pelo elogio de comportamentos consumistas, uma vez que o desenvolvimento do sistema econômico o exigia. Foi isso que fizeram os revoltosos de Maio de 68, que rejeitavam essa velha sociedade disciplinar sufocante, em nome da liberdade e do direito ao prazer. A ironia da história é que esses atores acreditaram combater o próprio sistema capitalista, quando não passavam dos joguetes de uma de suas crises de crescimento... Por outro lado, podemos espantar-nos de que uma revolução cultural de tamanha amplitude, tão próxima de nós, não seja mais notada e meditada. Podemos igualmente pressentir que essa prodigiosa mutação das mentalidades, de que nossos contemporâneos são quer os herdeiros, quer os atores, quer os espectadores escandalizados ou resignados, tenha deixado consideráveis fraturas e traumatismos em nossa sociedade, ainda que menos imediatamente aparentes do que o poderíamos supor. Mas o desenvolvimento dessas análises sociológicas constituiria uma obra muito diferente. Limitemo-nos a apreender o pensamento de nosso tempo e a observar como ele se distingue das ideologias anteriores, até mesmo se opõe a elas.

A necessidade do poder absoluto (segundo os sofistas)

O direito à felicidade na Terra é aparentemente uma idéia moderna, que se difundiu apenas muito recentemente. Não obstante, já houve em nossa civilização uma cultura que atribuíra como meta à existência humana a felicidade pessoal, na Grécia, nas imediações do século IV antes de nossa era. Isso corresponde provavelmente a uma certa emergência na humanidade da consciência individual ao sair das tribos primitivas, nas quais apenas contam o grupo, sua sobrevivência e sua força, e nas quais o indivíduo não se pensa como tal e quase não pode enxergar um interesse pessoal distinto daquele da tribo. Os gregos, por sua vez, pelo menos os mais cultos, começaram a enxergar que o verdadeiro bem não era unicamente o bem do grupo, mas antes a felicidade do indivíduo. No entanto tudo isso não se passou sem muitas discussões para saber como conciliar os dois, como combinar a felicidade com o respeito às leis e à virtude. Dentre os protagonistas dessa aventura intelectual, alguns retêm particularmente a nossa atenção pela originalidade e pelo vigor de seu pensamento. Trata-se dos sofistas.

Os sofistas se apresentavam como "professores de sabedoria", daí seu nome. Propunham, mediante remuneração, aos jovens bastante abastados para desfrutar suas aulas, ensinar-lhes tudo que é necessário para tornar-se feliz. Eis pelo menos um ensino cuja utilidade está fora de discussão, e vocês decerto já estão morrendo de vontade de entrar na escola deles! Felizmente, a obra que vocês acabaram de comprar vai empenhar-se em expor-lhes todos os saberes secretos e caros dos sofistas sem que vocês tenham de pôr mais uma vez a mão no bolso. Convém precisar que conhecemos os sofistas, tais como Górgias ou Protágoras, menos pelos raros fragmentos de escritos que nos chegaram do que pelas obras de Platão, que os pôs em cena como personagens de seus diálogos. Como Platão, e depois dele seu discípulo Aristóteles, tomou-os por adversários filosóficos e tentou refutá-los, até mesmo ridicularizá-los, o nome deles adquiriu uma consonância pejorativa. Assim é que hoje chamamos de sofisma um raciocínio incorreto, pois Aristóteles foi o primeiro a constituir a ciência da lógica para demonstrar que os modos de raciocínio utilizados pelos sofistas para confundir seus interlocutores eram defeituosos. Seja como for, ser escolhido como adversário por tão grandes pensadores já é uma honra, e a amplitude das máquinas de guerra intelectuais empregadas para enfrentá-los parece indicar uma doutrina muito temível. De resto, vejamos por nós mesmos o que valem suas concepções.

A onipotência, condição da felicidade

Os sofistas adotam o mesmo ponto inicial das opiniões modernas. O objetivo da existência humana é ser feliz. Para consegui-lo, devem-se satisfazer todos os desejos. Mas como consegui-lo? A resposta deles é de grande simplicidade, assim como de rigorosa lógica. É preciso um máximo de riqueza, pois o dinheiro permite obter muitas coisas. Mas isso não basta inteiramente, pois sempre pode haver quem atrapalhe. É preciso de fato o poder absoluto sobre os outros homens. Então todos se apressarão em satisfazer nossos menores desejos, seremos temidos, respeitados, enaltecidos e até amados, pois um homem poderoso tem ainda assim mais possibilidades de ser amado do que um homem fraco, submisso e humilhado. Em suma, para poder ser feliz, deve-se ser um tirano, reinar sobre uma comunidade de homens. E podemos constatar que aqueles sofistas eram muito mais inteligentes do que os homens de hoje. Com efeito, nossos contemporâneos pensam, em sua imensa maioria, que serão felizes se obtiverem *um pouco mais* de poder e *um pouco mais* de dinheiro do que têm atualmente, por exemplo, se obtiverem o lugar e o salário de seu chefe de serviço, que parece sentir grande prazer em tiranizá-los. Então, trabalham, "camelam", exageram na solicitude, fazem horas extras, negligenciam a vida privada, esmagam e caluniam seus colaboradores e acabam, após alguns anos de bons e leais serviços, por cavar o cargo tão cobiçado. Para descobrir rapidamente que um pouco mais de renda por mês, uma casa maior, um automóvel maior, férias mais exóticas, um pouco mais de poder para importunar os outros não bastam para sua felicidade, porque há alguém que tem mais do que eles, que está acima deles e pode também tiranizá-los: um novo chefe. Então se põem de novo ao trabalho para conquistar esse novo cargo superior, e assim por diante. Essa é a trama das lamentáveis existências dos homens "sérios". Os sofistas tiveram a clarividência de compreender que um pouco mais de dinheiro e de poder não bastava para deixar-nos felizes, mas que era preciso o máximo de riqueza e de poderio. Assim é que podemos afirmar que a tirania, o poder absoluto sobre os outros, é o desejo secreto de todo homem. Já que todo homem deseja a felicidade mediante a satisfação de todos os seus desejos, também deseja secretamente o meio para isso, que é a onipotência. Mas esse desejo o mais das vezes permanece inconsciente, por falta de lucidez para consigo mesmo. Assim, não faltarão pessoas encantadoras e modestas para objetar-me que não têm o menor desejo de poder tirânico sobre os outros e que se contentam em ser o que são. Mas, se lhes peço que respondam honestamente a estas perguntas: não há um ser que amam e por quem gostariam de ser amadas?, elas desejam então o poder – quase mágico – de fazer-se amar. E não desejariam elas propiciar-se, com o ser amado, longas férias de bilionário em locais encantadores, portanto possuir a fortuna para realizar esse sonho? E, se algum importuno ou algum rival surgisse, não gostariam de ter o poder, aliás sempre igualmente mágico, de fazê-lo desaparecer? Quase não há ser que não seja forçado a responder sim e a confessar assim que seu desejo profundo é o da onipotência.

Saber convencer, ou a arte retórica

Mas não é tudo ter um desejo assim, como realizá-lo? É exatamente porque isso parece deveras impossível que comumente repelimos esse desejo para fora da nossa consciência, até esquecê-lo e negar que ele está no fundo de nós. O ensinamento dos sofistas comporta uma resposta. Para vencer na vida, deve-se saber convencer os outros a confiar em você, a lhe confiar o poder. Para tanto, deve-se acima de tudo saber falar. Nenhum outro saber, poder ou competência, é necessário desde que se tenha a arte de falar bem, que se chama retórica. Com efeito, a convicção é conseguida pelos discursos e até o poder, sobretudo nos tempos democráticos. Os sofistas gostavam de dar este exemplo à guisa de argumento: suponham dois médicos chamados à cabeceira de um doente; um deles é um bom médico, que sabe tratar, mas não sabe exprimir-se; o outro é um perfeito charlatão, mas um bom retórico: em quem se vai confiar? – naquele que sabe convencer, é claro! E, poderíamos acrescentar, uma vez que a maioria dos medicamentos não passa de placebos, uma vez que a psicologia é o elemento essencial da terapia, há grandes possibilidades de que o charlatão também cure seus pacientes, e até melhor!

A comunicação moderna

Os especialistas de hoje, que nos repisam que é preciso saber "co-mu-ni-car-se", não inventaram nada, a não ser que denominam pior, ou com mais hipocrisia, as coisas. De fato, eles têm uma curiosa concepção da comunicação, que passa somente em mão única, em que o destinatário é bombardeado com mensagens e imposições sem nunca poder dar resposta, em que não se trata de modo algum de transmitir verdadeiros conhecimentos nem de instaurar uma verdadeira troca. Pois, enfim, a comunicação eficaz é a que convence de confiar, de comprar, de votar em... Assim os sofistas disseram essas coisas de forma muito mais clara – quase ingênua – do que nossos modernos Maquiavel, que evidentemente têm todo o interesse em esconder seus verdadeiros pensamentos e em só revelá-los em suas escolas de formação de dirigentes[1]. Tanto no comércio como na política, para vencer, basta saber convencer. Para fazer isso, fica claro que não se deve deixar cegar por um amor imoderado pela verdade. Noutros termos, não se deve hesitar em mentir. Com efeito, qual político seria eleito se não fizesse promessas que sabe muito bem não poder cumprir? Que faria um publicitário, um vendedor que nos dissesse a verdade sobre seus produtos? "Um sabor único, todo o frescor da natureza, prazer em estado bruto" se tornaria "uma bela aparência, mas uma mistura de substâncias químicas com gosto insosso e insípido", "preços arrasadores, um negócio da China" mudaria para "isso me dá quarenta e cinco por cento de margem de lucro, é mercadoria ordinária que não durará, e há melhor e mais barato na concorrência, mas eles não têm a mesma verba para a publicidade". Estamos tão habituados a essa inflação verbal generaliza-

---

1. Na verdade, os sofistas usavam igualmente uma linguagem dupla e cuidavam de sua respeitabilidade de fachada. Foi Platão que, em seus diálogos, os desmascarou e "entregou o ouro".

da, com essas mentiras descaradas e quase institucionalizadas, que elas nos parecem indispensáveis ao funcionamento de nossa sociedade mercantil, que já nem ficamos chocados com ela, e que a idéia do reinado da verdade parece-nos de altíssima comicidade.

O imoralismo na escola dos sofistas

Para vencer na vida, devem-se deixar no vestiário os escrúpulos morais que são bons para as criancinhas. O roubo também é um meio indispensável, o mais eficaz para fazer fortuna rapidamente. Mas, atenção, desde que o pratiquem com inteligência, sem se deixarem pegar. Assaltar um banco e ficar com todas as polícias de um país no seu encalço não é certamente uma maneira agradável de viver. Devem-se avaliar cuidadosamente as forças pessoais em relação à dos adversários antes de empreender esse tipo de ação para estar seguro de uma total impunidade. O melhor é roubar no sentido moral, ou seja, despojar os outros de seus bens, mas legalmente, tendo as leis de seu lado, como fazem os homens de negócio hábeis, com suas cláusulas em letras pequenas nos contratos, por exemplo. Pois aí também nossa época entrou na escola dos sofistas – sem o dizer, claro. Quem não sabe que o mundo dos negócios é profundamente corrompido, que os mercados só são obtidos com propinas, que os mais respeitáveis bancos lavam dinheiro sujo e que o mundo político é da mesma laia? Todos os dias, ficamos sabendo de novas acusações por desvio de dinheiro público, abuso de bens sociais etc. É provável que nenhum político, em nossas democracias, possa financiar uma campanha eleitoral, portanto eleger-se, sem recorrer a esse gênero de práticas, portanto sem ser pura e simplesmente um ladrão. Podemos pensar que são somente os menos hábeis que se deixam pegar, pois os mais espertos mandam outros fazerem o trabalho ou arrumam poderosas proteções.

Enfim, no ponto em que estamos, é evidente que tampouco o assassínio poderia ser um tabu para quem quer conquistar o poder. Ele serve para eliminar os adversários perigosos ou os que recusam submeter-se, cooperar ou respeitar seus compromissos. Reina-se com mais segurança sobre os homens mediante o temor que se inspira. Maquiavel guardará a lição dos sofistas. Portanto, seu ensinamento consiste sobretudo em desvencilhar-nos dos escrúpulos morais tradicionais que nos entravam as ações. Assim liberta de qualquer freio, a elite formada pelos sofistas poderá partir em busca da conquista do poder absoluto e da felicidade da qual ele é a chave. O mais hábil e o mais forte de todos o conseguirá, e isso parece justo. Os lobos entredevoram-se entre si.

O elitismo secreto da felicidade democrática

Como se vê, a doutrina da felicidade dos sofistas não é muito democrática. É francamente elitista: apenas um, em dada sociedade, pode conquistar o poder supremo e experimentar a felicidade. Todos os outros sofrerão sob seu jugo sonhando tomar-lhe o lugar. E, no entanto, não só essa concepção parece ser corrente na mente dos poderosos que dirigem nosso mundo, mas também decorre logicamente da idéia da felicidade presente em quase todos os nossos contemporâneos. Mais uma vez, se se obtém a felicidade pela satisfação de todos os nossos desejos, cumpre necessariamente ter o poder de se satisfazer, portanto um poder total sobre os outros. Só devemos à falta de reflexão e à pouca visão dos homens modernos que isto não esteja ainda mais difundido entre os ambiciosos que povoam a terra. Apenas o tirano pode ser feliz. Será um impasse? Não será, antes, a única solução verdadeira? Se for esse o caso, é melhor sabê-lo e tentar não fazer parte das vítimas, porque, como diziam os sofistas, é preferível ser o autor a ser a vítima de uma injustiça. Mas isso vai de encontro à moral aceita, o que normalmente deve escandalizar nossos leitores. Que respondiam os sofistas?

Origem e valor das proibições morais (segundo os sofistas)

Vimos que os sofistas propõem um método para conquistar a felicidade que decorre muito logicamente das concepções elementares que todos os homens fazem da felicidade. Não obstante, a doutrina deles possui um sério inconveniente: fere todas as nossas convicções morais. Em todas as sociedades humanas, é aceito que é errado mentir, roubar o bem alheio e matar um outro homem (salvo um agressor, por exemplo, em tempo de guerra). Ora, precisamente, os sofistas nos convidam a desvencilharmo-nos desses escrúpulos morais que nos entravam as ações e a praticar tudo isso judiciosamente, a fim de conquistar o poder. De fato, apenas os indivíduos desprovidos de moralidade adotam esse tipo de atitudes, e é forçoso constatar que esse é mesmo o caso de alguns dos poderosos deste mundo, mesmo que outros apodreçam no fundo dos cárceres por ter compartilhado as mesmas idéias. Mas a maioria de nós pensa que não se deve agir assim, que é errado. Os sofistas nos perguntariam por quê; e ficaríamos bastante atrapalhados para responder. No fundo, a resposta mais simples e a mais corrente é que essa é a vontade de Deus, ou dos deuses, e que qualquer um que não se curve a ela será castigado, nesta vida ou numa outra. Todas as civilizações humanas fornecem, com maior ou menor nitidez, um fundamento religioso aos valores morais. Que retorquem os sofistas a isso? Que essas são apenas invenções humanas, patranhas. E, mais precisamente, as invenções dos mais fracos dentre os homens. Segundo os sofistas, esses homens que carecem de força estão na origem das leis morais e sobretudo, num primeiro tempo, das leis jurídicas. Com efeito, os homens fracos notam, no decorrer de sua existência, que é muito desagradável deixar-se continuamente despojar de seus bens e ser ameaçado de morte. Compreendem que, quando não se tem força para resistir às agressões dos outros, é preferível fazer a paz com eles e renunciar mutuamente a atacar. Estabelecem, pois, uma convenção entre si que proíbe a falcatrua, o roubo e o assassínio, pura e simplesmente porque aí está o interesse deles.

Tal é o fundamento das leis jurídicas, nem um pouco divino e sagrado, mas nascido do egoísmo bem compreendido. Mas tal não é o interesse dos homens mais fortes, que, por sua vez, se acham bastante poderosos para apoderar-se do bem alheio e eliminar os importunos, sem temer as represálias. Claro, os fracos reunidos às vezes podem ser mais poderosos do que um forte isolado e constrangê-lo a respeitar as leis comuns, sob pena de ser enviado à prisão. Não obstante, isso os expõe a incessantes combates contra os elementos mais turbulentos do gênero humano, e os fracos precisamente não brilham pela coragem, nem pelo ardor no combate; só aspiram ao repouso, à fruição tranquila embora moderada.

O embuste da moral

Os mais inteligentes dentre eles imaginaram, portanto, uma solução para dominar com mais eficácia os fortes: educá-los e incutir-lhes sentimento de culpa. Cumpre, desde a infância, fazê-los acreditar que essas leis não são simplesmente a expressão do interesse do maior número, mas são um Bem absoluto que se impõe a todos. Daí a utilização do mito da vontade divina para dar a essas leis um caráter sagrado e intangível, a invenção de ameaças de punições divinas para impor melhor ainda o respeito por elas. E, claro, é mais judicioso fazer que todos os membros de uma sociedade acreditem nisso, educar todas as crianças dentro dessas crenças, pois o temor dos deuses é mais eficaz do que o temor da polícia, porque se pode esperar escapar da justiça dos homens, mas não da de Deus. As forças policiais e os tribunais terão de cuidar apenas dos recalcitrantes. Eis como homens, principalmente os sacerdotes, inventaram a moral e transformaram leis sociais convencionais em leis morais absolutas. No final do século XIX, o filósofo Nietzsche repetirá essa explicação[1]. Desde a mesma época, grande número de pensadores de ciências sociais fizeram o mesmo, numa apresentação decerto mais complexa e mais obscura. Com efeito, qual outra origem dar à moral quando se é um cientista sério, positivista e não religioso? Uma vez que invocar um fundamento transcendente[2], divino, dos valores não poderia constituir uma explicação científica aceitável, é realmente preciso atribuir-lhe uma origem humana. Mas, diferentemente de Nietzsche e dos sofistas, a maior parte dos sociólogos deve achar que é bom que o povo acredite na moral absoluta e religiosa. Quando muito deveríamos interrogá-los sobre a natureza e a origem desse bem[3]. Mas isso é outro debate. Pois para os so-

---

1. Ver, de Nietzsche, *A genealogia da moral*. Nietzsche fundamenta a análise da invenção da moral com as fábulas sobre a sua metafísica da Vontade de Poder. Uma das diferenças essenciais com os sofistas é que ele recusa a felicidade como finalidade da existência humana. A felicidade é um objetivo de fraco, o super-homem deve atribuir-se outras finalidades. Portanto, a doutrina de Nietzsche vai além do propósito desta obra.

2. Transcendente: o que está "fora de...", "mais além de...". Por exemplo, Deus é transcendente em relação ao mundo, mas também o objeto material é transcendente em relação à consciência.

3. Essa é toda a ambigüidade das ciências humanas, da sociologia e da antropologia. Para serem científicas, elas devem permanecer moralmente neutras, não normativas, ou seja, estudar os valores éticos de modo objetivo, como

fistas essas leis são ao menos ruins numa coisa: reprimem indevidamente os mais fortes e visam apenas a sujeitá-los. Ora, essas leis puramente convencionais só podem ser aplicadas legitimamente àqueles que aderem voluntariamente a essa convenção. Aqueles que não o querem têm perfeitamente, pois, o direito de não se submeter a elas, arriscando-se a pagar as conseqüências e a enfrentar todos os outros homens como inimigos. Se eles se acham bastante fortes para isso, o problema é deles e têm esse direito. Devemos tratá-los como adversários, mas é excessivo vilipendiá-los moralmente e bancar o graúdo indignado.

Para mostrar que as leis nada têm de sagrado, mas limitam-se a refletir o interesse dos fracos, os sofistas recorriam a uma bonita fábula, o mito do anel de Giges, que Platão nos relata no livro primeiro de *A República*. Giges, diz a fábula, era um pastor pobre, mas de uma honestidade escrupulosa que lhe valia a estima e a confiança de todos. Um dia, encontra um anel perdido e descobre, pondo-o no dedo, que ele o deixa invisível. Compreende que a partir daí pode cometer furtos sem nunca ser perturbado e tira proveito disso para enriquecer-se sem esforço. Não pára no meio do caminho, já que assassina o rei legítimo e toma seu lugar, usando seu fabuloso dom para garantir seu poder. Este mito mostra que um homem perfeitamente honesto só o é enquanto há interesse, enquanto é fraco, mas que, assim que lhe advém, a força deixa de ser moral, e faz bem, uma vez que conquista assim poder e felicidade.

---

fatos, sem tomar partido, sem aderir a essas normas, sem nunca julgar em termos de bem ou de mal, pois isso prejudicaria a objetividade do estudo. Julgar dessa maneira é papel do moralista, do filósofo, do intelectual, do cidadão, enfim, do homem, mas não do sociólogo: acontece que a sociologia acaba exprimindo-se e comprometendo-se... mas a título de quê? Isso fica confuso. Ver, sobre os erros de alguns grandes pensadores de ciências humanas, tais como Michel Foucault, a obra de Luc Ferry e Alain Renaut: *La pensée 68* (Gallimard, col. "Folio").

A CONCEPÇÃO COMUM DA FELICIDADE E SEUS PROBLEMAS

O direito natural do mais forte

Tendo chegado a essa fase, poderíamos pensar que, do ponto de vista dos sofistas, não há mal nem bem absoluto, mas somente conflitos de interesses entre fortes e fracos, entre grande massa e indivíduos ambiciosos. Não há justiça, só há a guerra. Mas os sofistas foram mais longe para justificar um direito do mais forte. Para tanto, elaboraram uma teoria da justiça fundamentada na Natureza. Com efeito, se a justiça segundo a sociedade é apenas pura convenção que reflete o interesse dos fracos, segundo a Natureza, em compensação, é justo que domine o mais forte. A Natureza deu a força ao lobo para devorar o cordeiro. Que ele o devore talvez seja cruel, mas está na ordem das coisas desejada pela Natureza, portanto é justo. A justiça natural, que é a verdadeira justiça, a única absoluta, é portanto diretamente oposta à falsa justiça inventada pelas sociedades humanas, que permite ao fraco limitar as ações do forte.

É curioso que nossa época pós-moderna que idolatra a Natureza muito mais ainda do que os gregos antigos, que nela viam também uma ordem boa, uma encarnação de normas das quais os atos humanos às vezes podem afastar-se irrefletidamente, não torne a privilegiar esse tipo de concepções. Mas deve-se crer que o sentimentalismo simplório dos desenhos animados infantis fique no lugar de pensamento para todos os nossos contemporâneos que sustentam que os animais são bons e gentis, ao passo que somente se pode afirmar que são inocentes de sua crueldade, pois não têm a liberdade de agir de outra maneira, nem bastante consciência para poder enxergar isso.

Notemos também que esse raciocínio dos sofistas foi retomado numa perspectiva monoteísta pelo marquês de Sade, para justificar seus apetites criminosos. Se você sustentar, dizia ele⁴, que há um Deus bom que criou a Natureza e todas as criaturas, eu inclusive, o que elas são e o que fazem são portanto bons, já que Deus o quis, senão Ele seria mau e o único responsável pelo mal cometido por suas criaturas. Assim, da mesma forma que Ele fez o leão com o instinto de matar a gazela, Ele criou a mim, com o gosto de fazer as mulheres sofrerem, de açoitá-las e de humilhá-las, e portanto é bom que eu satisfaça esse desejo querido pelo Criador! Vê-se que encantadoras conseqüências podem-se tirar da sacralização da Natureza, que é um pensamento bem perigoso⁵.

Opor-se ao pensamento pernicioso mas sedutor dos sofistas, essa foi a tarefa que se atribuíram Sócrates, Platão e depois Aristóteles, ou seja, os três primeiros verdadeiros grandes filósofos da história. Contra os sofistas, Sócrates inaugurou uma maneira de argumentar, uma atitude crítica para com o saber, exigências para com a verdade, que representam o nascimento da própria racionalidade. Platão e depois seu discípulo Aristóteles desenvolveram, para responder a essas expectativas, dois grandes sistemas de pensamento que tentam explicar o essencial da realidade, justificar os valores, determinar a boa organização política, em suma, elaboraram uma ciência universal completa. Para qualquer um que conheça um pouco a história do pensamento humano, a genialidade desses homens mostra-se prodigiosa: são os primeiros grandes pensadores da humanidade. Todos os outros são apenas seus epígonos. Mas vemos que é a doutrina sediciosa dos sofistas, que

---

4. Por exemplo, em *A filosofia na alcova*.
5. A tradicional resposta cristã ao argumento de Sade é que por certo Deus criou os homens com corpos e, portanto, com apetites semelhantes aos dos animais, mas que lhes doou igualmente a consciência e a liberdade para lhes permitir resistir aos seus desejos, se estes são maus, e que espera do homem que se conduza bem por sua própria liberdade e não como um mecanismo programado por ele com esse intuito.

atacam os valores morais e os fundamentos da sociedade, que está na origem desse gigantesco esforço de pensamento cujo fruto é toda a civilização ocidental, porquanto abriram uma crise que talvez ainda não tenha terminado.

A refutação das doutrinas sofísticas pelos primeiros grandes filósofos não consistiu em restaurar imediatamente a fé no fundamento divino dos valores morais, o que é uma empreitada árdua, mas primeiro incidiu sobre o método da felicidade, o que é precisamente a nossa preocupação imediata.

O desejo é naturalmente bom?

A idéia de que se obtém a felicidade com a satisfação de todos os nossos desejos mostra-se perigosa e contestável, mesmo que seja aparentemente sustentada por toda a ideologia da sociedade de consumo. Com efeito, ela bem parece implicar o imoralismo dos sofistas e levar à apologia da violência e do crime, contanto que se raciocine de modo que dela se tirem as últimas conseqüências. É isso mesmo que parecem fazer todos os delinqüentes e todos os corruptos que florescem em nosso mundo. Logo, convém condenar essa idéia e procurar se não existe outro meio de alcançar a felicidade que seja mais respeitoso da justiça e dos seres humanos.

Não obstante, subsiste outra possibilidade. A tentativa de satisfazer todos os meus desejos condena-me necessariamente à violência? Será necessariamente agressiva e perniciosa a outrem, como pretendem os sofistas? Não poderia ser possível que meus desejos integrassem um certo respeito pelos outros, um certo amor pela justiça e que fossem no fundo pacíficos? É isso que sustenta o psicanalista Wilhelm Reich (1897-1957). De onde vêm então a violência e a maldade humanas? Precisamente da frustração dos desejos, notadamente dos desejos sexuais naturais. Essa frustração deixa o homem agressivo, causa neuroses e perversões tais como o sadismo, o desejo de fazer o outro sofrer.

As descobertas da psicanálise

Freud havia descoberto a causa das neuroses, das doenças dos nervos, de que sofrem certas pessoas e que a medicina de seu tempo era incapaz de curar e até de explicar. Esses pacientes são vítimas de crises de histeria, de cóleras ou de angústias por ninharias insignificantes, são atacados por obsessões e manias esquisitas. Sofrem, fazem seus próximos sofrerem e lhes sabotam a existência afetiva e profissional. A causa fundamental dessas desordens reside, segundo Freud, numa repressão excessiva dos desejos sexuais por ocasião da educação no decorrer da infância e da adolescência. Para explicá-lo brevemente, sem entrar em demasiados detalhes[1], esses desejos, quando reprimidos, são expulsos para fora da consciência da criança. São recalcados, mas subsistem numa parte inconsciente de sua mente, acompanhados de sofrimentos traumáticos, e tiranizam sua consciência, sobretudo na idade adulta: voltam para ela, mas, uma vez que o desejo original é censurado, sob uma aparência disfarçada, mascarada, sob forma de desejos esquisitos, em geral pervertidos, ou ainda de aversões e de fobias bem estranhas. A tudo isso acrescentam-se sentimentos de culpa e angústias, devidos à transgressão das proibições por essas satisfações substitutivas. Descobrindo tudo isso, graças à exploração do psiquismo de seus pacientes, principalmente interrogando-os sob hipnose, Freud fundava uma nova psicologia, uma nova maneira de explicar os comportamentos humanos: a psicanálise.

---

1. Encontrar-se-ão algumas precisões suplementares na parte IV, capítulo primeiro, sobre a sublimação do desejo. Para iniciar-se no pensamento freudiano, ler primeiro *Cinq leçons sur la psychanalyse*, depois *Introduction à la psychanalyse* (Payot).

A CONCEPÇÃO COMUM DA FELICIDADE E SEUS PROBLEMAS

A origem da agressividade humana

Reich é um dos primeiros discípulos de Freud e generaliza as conclusões de seu mestre. A causa da violência comum dos homens "normais" é a mesma que a das neuroses dos indivíduos reconhecidos doentes: a frustração dos desejos devida a uma repressão excessiva. Reich apresenta alguns argumentos muito simples: um homem que tem o que comer para matar a fome e viver decentemente não rouba, não agride outrem para apoderar-se de seus bens, pois não tem realmente razão para fazê-lo. Assim também, um homem que satisfaz seus desejos sexuais naturais não será um estuprador nem um pervertido, como um sádico. Em suma, um homem feliz, bem realizado, não é violento. A fonte do mal no homem reside portanto, em primeiro lugar, numa educação autoritária, a imposta na sociedade burguesa e, antes dela, na sociedade patriarcal instalada faz uns quatro a seis mil anos. Essa educação reprime os desejos, notadamente sexuais, das crianças e dos adolescentes, depois dos homens, a fim de torná-los obedientes e pô-los no trabalho. De fato, assim ela os transforma em frustrados, pervertidos, violentos. Os seres humanos em nossa "civilização" ficam daí em diante o mais das vezes incapazes de experimentar o verdadeiro orgasmo, o verdadeiro prazer sexual, sustenta Reich, e ficam inaptos para amar realmente, bem como para serem autônomos. Interiorizaram as proibições, são dirigidos por sentimentos de culpa e fruem suas angústias e sua subordinação a essa moral autoritária. O mal no homem provém igualmente dessa organização social capitalista que instaura uma grande desigualdade das riquezas, logo, um regime de privação cruel para o maior número, que aceita e até provoca a pobreza e a miséria. Portanto, a teoria psicanalista de Reich se aproxima da crítica marxista, numa primeira forma de freudo-marxismo que será prosseguida por Erich Fromm e Herbert Marcuse.

Inocência do desejo

Em compensação, conviria que reinassem na sociedade a maior permissividade e uma certa abundância, ou pelo menos uma partilha eqüitativa dos bens. Os indivíduos poderiam satisfazer livremente todos os seus desejos e já não haveria frustração, portanto deixaria de haver violência. Já não haveria igualmente necessidade de leis morais e jurídicas para proibir más ações que os homens já não ficariam tentados a cometer. Em suma, seria instalada uma agradável harmonia anarquista. Com efeito, Reich pensa que as pulsões e os desejos humanos se regulam espontaneamente, sem necessitar de uma limitação imposta por uma autoridade exterior. Um ser que frui uma vida sexual bem realizada não multiplica inutilmente os parceiros e as práticas, e não cai em todas as espécies de perversidade. Sua sexualidade repousa em verdadeiros sentimentos de amor.

A autolimitação das pulsões leva à formulação de uma moral natural, autêntica, reconhecida por todos os espíritos humanos, que estipula que não se deve estuprar, agredir ou matar o outro. Em compensação, a falsa moral autoritária e repressiva, que impõe a abstinência sexual aos jovens, a fidelidade do casal, a servidão do trabalhador ao capitalismo, a submissão das mulheres, por muito tempo escravas econômicas e jurídicas dos homens, pode e deve desaparecer, ainda mais porque modela seres humanos frustrados, com sentimento de culpa, incapazes de atingir o verdadeiro orgasmo, segundo Reich. Portanto, são privados de uma fonte de gozo intenso e profundo que contribui para o equilíbrio e para o desabrochar do indivíduo. Destruir a moral burguesa é livrar-se de entraves e descobrir nossas vias de acesso ao prazer.

A CONCEPÇÃO COMUM DA FELICIDADE E SEUS PROBLEMAS

O destino de Reich e sua posteridade

Por ter sustentado tais teses, Reich foi freqüentemente caluniado e perseguido. Entre 1933 e 1939, foi expulso sucessivamente da Alemanha, da Dinamarca, da Suécia, da Noruega. Refugiado nos Estados Unidos, é vítima de campanhas de difamação e, a partir de 1947, dos inquéritos da *Food and Drug Administration*[2]. Acaba sendo condenado a dois anos de prisão em 1956; seus livros são proibidos e destruídos por incineração, como todos os documentos de seu instituto de pesquisa. Morre na prisão em 1957. A ironia da história quis que uns dez anos mais tarde, por volta de 1968, suas idéias triunfassem em vários lugares do mundo e inspirassem revoltas estudantis e sociais. Hoje elas quase fazem parte do pensamento comum e inspiraram práticas educativas não repressivas. Os pais que pensam que é traumatizante dizer "não" ao desejo de um filho são remotos discípulos de Reich, mesmo que não o saibam. Assim também, são semelhantes concepções que levam a considerar os delinqüentes e os criminosos como vítimas da sociedade.

Reich teve adeptos mais declarados, por exemplo na pessoa de A. S. Neill, o fundador da escola de Summerhill, que aplica seus princípios educativos[3]. Ali as crianças não são em absoluto coagidas a freqüentar aulas, ficam livres para fazer o que quiserem, passear ou brincar a seu bel-prazer ou ir instruir-se. Não há criança que não deseje naturalmente aprender e que não acabe por assistir voluntariamente às aulas, se estas são atraentes, pretende Neill, mesmo entre os jovens rebeldes à educação escolar tradicional que muitas vezes lhe

---

2. Principalmente a respeito de seus acumuladores de energia vital experimentais, utilizados por seus pacientes com finalidades de pesquisa e do que é acusado de praticar comércio.
3. Cf. a obra de Neill, *Libres Enfants de Summerhill*.

são confiados. Evidentemente, se uma criança não sente desejo de estudar, pode muito bem chegar aos dezoito anos de idade sem nunca ter estudado matemática ou história... Além do mais, Neill esclarece que não pôde pôr em prática as recomendações de Reich sobre a liberdade sexual precoce, senão as autoridades teriam imediatamente condenado sua escola ao fechamento.

Freud crítico de Reich: a pulsão de morte

As teses de Reich são infinitamente sedutoras e fazem germinar a esperança de uma sociedade nova, toda de amor e de liberdade. Além disso, elas parecem estar assentadas num aprofundado estudo científico do ser humano. Infelizmente, um outro psicanalista, que não é outro senão Sigmund Freud, sustenta teses diametralmente opostas. Claro, nos primeiros tempos de elaboração de sua teoria, Freud supõe que a agressividade não provém de um instinto específico, mas que cada instinto pode tornar-se agressivo se seu desenvolvimento é entravado[4]. Foi dessa observação de Freud que Reich extraiu a idéia que sistematizou. No entanto, o progresso de suas descobertas leva Freud a reconhecer a existência de dois tipos de pulsões fundamentais, que batiza pulsão de vida, ou eros, e pulsão de morte, ou de destruição[5]. A primeira se manifesta essencialmente em libido, desejo sexual, e a segunda é indispensável para a conservação da vida. Pois um ser não pode permanecer vivo senão destruindo a vida à sua volta, alimentando-se ou defendendo-se contra seus inimigos. O homem também possui em si uma parte fundamental de agressividade. Por conseguinte, escreve Freud: "O homem não é

---

4. Cf. *Cinq psychanalyses* (PUF), pp. 192-193.
5. Cf. *Essais de psychanalyse* (Payot), "Le moi et le ça" (O ego e o id), parte IV, pp. 253 ss.

A CONCEPÇÃO COMUM DA FELICIDADE E SEUS PROBLEMAS

esse ser bondoso, de coração sedento de amor, do qual dizem que se defende somente quando o atacam, mas um ser, ao contrário, que deve incluir na conta de seus dados instintivos uma boa soma de agressividade. Para ele, em conseqüência, o próximo não é somente um auxiliar e um parceiro sexual possíveis, mas também um objeto de tentação. O homem de fato fica tentado a satisfazer sua necessidade de agressão à custa de seu próximo, a explorar seu trabalho sem compensações, a utilizá-lo sexualmente sem seu consentimento, a apropriar-se de seus bens, a humilhá-lo, a infligir-lhe sofrimentos, a martirizá-lo e a matá-lo. *Homo homini lupus*, o homem é um lobo para o homem: quem teria a coragem, em face de todos os ensinamentos da vida e da história, de acusar esse adágio de falso? Via de regra, essa agressividade cruel ou espera uma provocação ou se põe a serviço de algum desígnio cujo objetivo seja da mesma forma acessível por meios mais suaves. Em certas circunstâncias favoráveis, em compensação, quando por exemplo as forças morais que se opunham a suas manifestações e até então as inibiam foram postas fora de ação, a agressividade se manifesta também de modo espontâneo, desmascara sob o homem o bicho selvagem que perde então toda consideração por sua própria espécie."[6] Freud remete às atrocidades cometidas pelos hunos, pelos mongóis de Gêngis Khan ou pelos piedosos cruzados por ocasião da tomada de Jerusalém. Contudo, mais próximo de nós, os horrores dos campos de concentração nazistas, a pavorosa matança dos povos ruandeses que se massacram a machetadas, as ignóbeis sevícias a que se entregam honestos soldados em terreno conquistado para distrair-se, como aqueles da ex-Iugoslávia que decapitavam bebês diante dos olhos das mães, mostram suficientemente que em muitos homens dormita um monstro[7].

---

6. *Malaise dans la civilisation*, PUF, pp. 64-65.
7. Cf. Luc Ferry, *L'Homme-Dieu*, Grasset, p. 91.

Necessidade da educação repressiva

Poderíamos mesmo censurar Freud de insultar os animais. Os bichos selvagens são muito menos cruéis e destrutivos do que os homens, sobretudo para com sua própria espécie. Só matam para alimentar-se ou defender-se, e não para divertir-se ou cobrir-se de glória. Entre eles, a agressividade é estritamente dirigida pelo instinto. No homem, parece faltar essa regulação e a pulsão agressiva se mostra largamente incontrolada. O homem é um animal desprovido de instinto, com pulsões aberrantes[8]. Em conseqüência, a regulação deve ser obra de sua consciência, orientada por concepções morais. O homem, para tornar-se humano, precisa ser educado. A educação começa com um verdadeiro adestramento, uma repressão das pulsões agressivas, que devem ser limitadas e reorientadas para outras metas. Deve-se ensinar o homem a respeitar os outros, pois isso não é de modo algum espontâneo nele. E, como a educação moral não basta para tornar todos os indivíduos respeitosos de seus semelhantes, um controle social, jurídico e policial continua indispensável para coagi-los a isso. A educação e a civilização são, pois, necessariamente repressivas. Assim que a capa da repressão deixa de pesar, a lei da selva, o reinado da violência e do terror se reinstalam, como em certos subúrbios-guetos onde os pais renunciam a educar os filhos, que perambulam livremente pelas ruas, e onde os policiais deixaram de entrar e de fazer que se respeite a ordem legal.

Vemos que, contrariamente à ideologia contemporânea, a autoridade é uma coisa boa e necessária para transformar o homem em ser humano digno desse nome, para fazê-lo esca-

---

[8]. Opero aqui uma distinção entre instinto e pulsão, que parece ter escapado a certos tradutores de Freud, uma vez que traduzem *Triebe* indiferentemente por "instinto" ou "pulsão".

par da bestialidade, para que reinem a paz e o respeito a outrem. E não se deve confundir a coerção educativa orientada para o bem, a geração e a humanização do homem, com a violência destrutiva ou a exploração escravagista.

Ademais, se a civilização é necessariamente repressiva segundo Freud, segue-se que o homem nunca pode ser realmente feliz na sociedade. Esta exige grandes esforços da pessoa e o sacrifício de numerosas satisfações pulsionais. É isso que Freud analisa em sua obra *Mal-estar na civilização*. É engraçado constatar que as pessoas muito infelizes se atiram para os psicanalistas cuja doutrina parece excluir a possibilidade da verdadeira felicidade. Devem limitar-se a deixar seus pacientes mais "normais" e, é o que esperamos, mesmo assim menos infelizes. Mas, se o homem fica infeliz por ser sempre coagido na sociedade, resulta dessa concepção freudiana que os sofistas viam o certo: apenas pode experimentar a felicidade o homem que se liberta da submissão aos outros, que possui, portanto, o poder absoluto e pode satisfazer todos os seus desejos, inclusive de agressividade, à custa de seus subordinados.

Ciências humanas e filosofia

Freud terá razão? O homem será unicamente um ser de pulsão, agressivo e necessariamente frustrado na sociedade? É difícil dirimir, e isso mereceria um exame mais aprofundado. As teorias enunciadas pelas ciências humanas apresentam um sério problema para quem procura a verdade. Com efeito, as verdades filosóficas são estabelecidas pela razão, e cada qual pode verificar por si só a exatidão de seus fundamentos, pois que cada qual possui a razão. Logo, ele pode controlar a validade dos encadeamentos lógicos e só aceitar uma tese se ela é demonstrada de uma forma satisfatória para sua mente, que lhe proporciona um sentimento de evidência.

Em compensação, as ciências, principalmente as ciências humanas, fundamentam-se na experiência. Ora, quase ninguém possui a rica experiência clínica de um Freud ou de um Reich. Devemos em conseqüência aceitar cegamente todas as teses deles, as quais eles pretendem provadas pela experiência? Vemos que as verdades científicas repousam de fato na fé, numa certa confiança que temos na probidade dos cientistas. Em resumo, são verdades que se transmitem a partir de um fundamento de autoridade, quando muito arrimado pelo controle que os diferentes cientistas exercem sobre os discursos uns dos outros. O consenso deles justifica nossa adesão.

Mas é forçoso constatar que nem todos os psicólogos estão de acordo entre si, que se contradizem mesmo às vezes com violência, opõem-se em escolas e em panelinhas rivais, psiquiatras contra psicanalistas, freudianos contra reichianos, lacanianos contra junguianos etc. Isso parece indicar que não é a experiência que dita suas teorias, contrariamente ao que pretendem. Suas teorias provêm antes de convicções, de concepções mais gerais, nascidas de especulações de tipo psicológico, e são essas idéias preliminares que lhes orientam as experiências tendo em vista procurar-lhes confirmações. Esta observação basta para não dar razão a nenhum deles e para fazer valer a legitimidade e a necessidade de uma investigação racional, de tipo filosófico.

A bondade do homem segundo Rousseau

Poderiam objetar-nos que pelo menos um filósofo sustentou que o homem é naturalmente bom: Jean-Jacques Rousseau. Sua tese é realmente célebre, mas convém compreender o que ela significa exatamente. Antes de mais nada, Rousseau fala do homem no estado de natureza, ou seja, fora da sociedade, e antes de ter sido modelado pela sociedade. Para Rousseau, o homem vive naturalmente solitário, sem outros

A CONCEPÇÃO COMUM DA FELICIDADE E SEUS PROBLEMAS

contatos senão ocasionais com seus semelhantes. Tudo isso constitui um conjunto de pressupostos bem específicos, notadamente essa solidão do homem natural. Pois numerosas espécies animais vivem em sociedade, e podemos perguntar-nos se o homem pode sobreviver de outra maneira. O homem por natureza não pode ser anti-social. Mas aceitemos a tese. Uma vez que o concebe assim, Rousseau reconhece que o homem natural não passa de fato de um animal entre outros, com quase nenhuma idéia, uma vez que o pensamento só se desenvolve com a linguagem nascida das necessidades da vida em comunidade. O homem então se distingue dos outros viventes somente por sua *perfectibilidade*, ou seja, por sua faculdade de aperfeiçoar-se, de adquirir novas idéias e novos comportamentos quando a necessidade deles se fizer sentir, precisamente quando condições de vida demasiado rudes o forçarem a inventar a vida em sociedade e a sair do estado de natureza. Entrementes, o homem não pensa mais do que os outros animais e, portanto, não tem nenhuma idéia de bem ou de mal morais. Por conseguinte, diz Rousseau, "como os homens nesse estado não têm entre si nenhuma espécie de relação moral, nem deveres conhecidos, não podiam ser nem bons nem maus"[9]. Logo, se dois homens se encontram e lutam, até mesmo se massacram, pela alimentação ou pelo território, segundo Rousseau não há nenhum mal nisso, pois só há bem e mal em relação a regras morais conhecidas, as quais supõem para ser pensadas o desenvolvimento da inteligência na sociedade. Conviria então dizer que o homem é naturalmente inocente, como um animal, em vez de bom.

Outro fator que autoriza Rousseau a falar de bondade natural do homem é o sentimento de piedade. Rousseau pensa que o homem possui "uma repugnância inata em ver seu seme-

---

9. *Discours sur l'origine de l'inégalité parmi les hommes*, Garnier-Flammarion, p. 194.

lhante sofrer". Essa piedade natural é que seria sufocada depressa no coração do homem pela vida em sociedade. Com efeito, esta última atiça as paixões, o desejo de ser admirado e preferido aos outros, de ser superior e mais rico[10]. Eis por que, assim que vivem em sociedade, os homens ficam ciumentos, invejosos, maldosos, e sentem prazer em esmagar e humilhar os outros de todas as formas possíveis... Acontece que a piedade só tem efeitos muito limitados no estado de natureza: "É ela", diz Rousseau, "que dissuadirá todo selvagem robusto de arrebatar de uma fraca criança, ou de um velho inválido, sua subsistência adquirida com dificuldade, se ele próprio espera poder encontrar a sua noutro lugar."[11] É melhor confessar que, se não for esse o caso, ou diante de um adversário menos fraco, não haverá tréguas. A única bondade do homem natural é fazer o mal apenas quando isso lhe é necessário para sua sobrevivência, e não com prazer e deleite, para divertir-se, chamar a atenção ou afirmar sua pessoa, como o fazem tantos homens pretensamente civilizados. O homem selvagem, tal como o concebe Rousseau, é decerto menos cruel do que o homem social: ele pode roubar você, feri-lo ou matá-lo, mas será para sobreviver, e sem maldade com você. Bela consolação! Não é realmente esse o ideal das relações humanas! E, de outro lado, se pudermos com mais legitimidade estimar que não há humanidade independentemente da sociedade e afirmar junto com Rousseau que esta exacerba os sentimentos agressivos no homem, poderemos concluir que, uma vez que o homem é naturalmente social, ele é em conseqüência naturalmente mau.

---

10. Cf. parte IV, capítulo II, O mimetismo e o desejo de reconhecimento.
11. *Op. cit.*, p. 198.

II
A INFELICIDADE DO DESEJO

Vamos agora tentar refutar a concepção comum, quase universalmente difundida nas mentes dos nossos contemporâneos, segundo a qual se obtém a felicidade pela satisfação de todos os nossos desejos. Se bem que tenhamos visto que essa idéia levava logicamente ao imoralismo dos sofistas, não é imediatamente pelo viés da afirmação das proibições morais que procederemos, pois para isso precisaríamos recusar a desconstrução operada pelos sofistas e dar um novo fundamento, de uma solidez inconteste, aos valores morais, o que é uma dura tarefa, talvez excessiva para nossas modestas forças intelectuais. Agiremos seguindo o exemplo de Platão e amparando-nos em seu ensinamento, dirigindo o ataque ao plano mesmo em que se situam os sofistas: a conquista da felicidade.

O desejo procede da falta (segundo *O banquete* de Platão)

Os gregos da Antiguidade já pensavam como nossos contemporâneos que é bom desejar, que o desejo é uma coisa bela e boa. Diziam, em sua linguagem florida, que Eros, o deus do desejo e do amor, é o mais belo dos deuses. Podemos refutar isso com uma análise simples efetuada por Platão: deseja-se apenas o que não se tem, e não o que já se possui. Aquele que deseja a felicidade não a tem ainda, senão não a desejaria mais; aquele que deseja a riqueza sente-se pobre demais; aquele que deseja ser amado não o é na ocasião; aquele que deseja comer está carente de calorias etc. Logo, só há desejo num ser porque há carência, lacuna, indigência nele. Falta-lhe alguma coisa, para sobreviver e para sentir-se bem, e que ele então deseja. O desejo, o amor, o eros não são em si mesmos plenitude de ser, satisfação, posse da beleza ou da felicidade, mas justamente o contrário. Portanto não é imediatamente bom em si amar, no sentido de desejar, uma vez que é carecer. Mesmo que fosse possível que encontrássemos depois uma utilidade para o desejo ou um valor moral para o amor, não podemos afirmar que são imediatamente bons do ponto de vista de nossa felicidade. Há nisso uma ilusão proveniente da confusão entre o que é o estado de desejo e o que sua satisfação promete.

Natureza de Eros segundo Diotima

Platão expôs essas primeiras análises sobre o desejo num de seus diálogos mais agradáveis, *O banquete*, cujo argumento merece ser lembrado. Sócrates é convidado para uma pequena festa. Depois de terem bebido bem e comido bem, os convivas se perguntam como prosseguir a noitada: entregar-se a uma orgia completa ou então dedicar-se a uma discussão filosófica. Optam por esse segundo prazer e despacham os músicos e as bonitas dançarinas, daí em diante inúteis. Notemos de passagem que esses gregos tinham prazeres mais variados que os de nossos contemporâneos, já que o debate filosófico fazia parte deles. Decidem então falar do amor. Sucedem-se vários oradores, um médico, poetas, políticos, e, cada qual à sua maneira, conforme sua especialidade, faz o elogio do deus Eros como sendo o mais belo dos deuses. Sócrates fala por último e exprime seu pesar por estar em desacordo com todos os discursos precedentes, pois parecem-lhe errados. Sócrates, enquanto personagem literário posto em cena por Platão, é usualmente, embora nem sempre, o porta-voz das idéias do autor. Sócrates, que diz com graça que nada sabe, exceto talvez no amor, explica que todo o seu saber sobre o desejo lhe vem de Diotima, uma parteira que é também uma mulher sábia[1], mas que ela lhe revelou isso apenas sob a forma de um discurso mítico, o único capaz de ser compreendido por mentes ainda insuficientemente exercitadas na especulação filosófica. Aqui está, pois, a alegoria mediante a qual Platão tentou exprimir a verdadeira natureza do desejo sem fatigar intelectualmente seus leitores a quem desencorajam as abstrações conceptuais[2]. Eros não é um deus, mas um semideus, um demônio, um intermediário entre os

---

1. No original francês, trocadilho intraduzível: *sage-femme* (parteira) e *femme sage* (mulher sábia, sensata). (N. da T.)
2. Platão, *O banquete*, 203 a ss.

deuses e os homens, cuja origem é a seguinte. Para celebrar o nascimento de Afrodite, a deusa da beleza, todos os deuses foram convidados para um festim. Um deles, Poros, deus da engenhosidade, do recurso, da "esperteza", embriagado de néctar, saiu para o jardim e adormeceu. Pênia, a pobreza, muito magra e em farrapos, que viera mendigar, viu o belo rapaz e decidiu aproveitar a ocasião. Deitou-se ao lado dele... e nove meses mais tarde nasceu o pequeno Eros, o demônio do desejo. Ele possui os caracteres herdados dos dois progenitores: é pobre mas inventivo, assim como o filósofo; é carência de ser, mas ação[3].

O mito do andrógino original

Que o homem viva essencialmente na carência, e seja assim um ser de desejo, é isso que mostra também um outro discurso de *O banquete*, o de Aristófanes[4], discurso falso, por certo, ainda que seja em sua forma mitológica, mas que contém uma parte de verdade, mesmo que seja um poeta, bêbado além do mais, que o pronuncia. Esse mito, aliás, ficou muito célebre e encontramos versões suas em inúmeras mitologias do mundo inteiro[5].

Aristófanes, para explicar a origem e a importância do amor, afirma que outrora os homens eram duplos, com duas

---

3. *Ibid.*, 189 d ss. Para uma exposição mais completa da doutrina do amor contida no discurso de Diotima, ver parte IV, O amor e o desejo de absoluto.
4. Aristófanes é uma personagem real, que Platão transforma em figura literária em seus diálogos, como costuma fazer. Poeta cômico, Aristófanes é notadamente o autor de uma peça de teatro satírica, *As nuvens*, na qual põe em cena Sócrates para zombar deste filósofo, sempre perdido nas nuvens. Teria feito parte dos acusadores que obtiveram a condenação à morte de Sócrates. Platão não lhe guarda tanto rancor para confiar-lhe um mito tão bonito.
5. Certos autores o citam atribuindo ingenuamente suas afirmações a Platão, sem levar em conta a reflexão crítica que este opera a partir dos mitos.

cabeças, quatro braços e quatro pernas. Chamam-nos comumente de andróginos originais, embora alguns somente sejam simultaneamente portadores de um lado de um sexo masculino e do outro de um sexo feminino, e outros sejam duas vezes homens ou duas vezes mulher. Esses seres eram muito poderosos e construíram uma gigantesca torre para ir conquistar o Olimpo dos deuses (encontramos aqui uma variante do mito da torre de Babel). Os deuses, ciosos de preservar seu poder, decidiram punir aquelas criaturas orgulhosas cindindo-as em duas, criando assim os homens e as mulheres atuais. Desde então, vagueiam infelizes pela Terra, em busca de sua metade perdida. Tentam várias delas, sem nunca encontrar a certa. Mas, quando a encontram, é o êxtase. Não param de perder-se nas delícias dos atos amorosos e almejariam fundir-se um no outro, fundir-se a fim de formar apenas um único ser.

A parte de verdade dessa teoria evidentemente fantasista sobre a origem da humanidade reside em sua afirmação de que o homem é um ser essencialmente incompleto, que não basta a si mesmo. É afetado por uma carência radical e espera incessantemente preencher essa falta com a relação amorosa com um outro ser que lhe conviria, que seria sua "metade", como se diz popularmente, decerto por causa desse mito. O que mais certo do que tudo isso?

O sofrimento do desejo

Falta, para encerrar esta primeira análise elementar, lembrar uma conseqüência que decorre logicamente das afirmações estabelecidas até aqui, e que já havíamos entrevisto. Se desejar é carecer, é também sofrer dessa carência. O desejo insaciado é sofrimento. O estado de desejo não é nem um pouco agradável, é um estado de impaciência, de enervamento, de aflições variadas que somente podem ser atenuadas pela antecipação imaginativa do prazer vindouro, mas somente se temos certeza de experimentá-lo, e não na dúvida e na inquietude como sói acontecer. Portanto, não se deve confundir o desejo, que é doloroso, e ainda mais doloroso quanto mais intenso é, com a satisfação do desejo, que é o momento do prazer, mas também do desaparecimento do desejo, já que o desejo se esvai e morre desde que se obteve o que se desejava.

Está certo, o desejo é sofrimento, mas o prazer de sua satisfação não poderá levar-nos à felicidade? É isto que vamos examinar.

Natureza do prazer

Poderá o prazer constituir a felicidade? E, acima de tudo, que será o prazer? Para responder a esta pergunta, poderíamos partir de uma sugestão de Platão. Ele nos conta no *Fédon* o derradeiro dia de vida de Sócrates, quando este vai ser condenado à morte por ter sido ímpio para com os deuses da Cidade e por ter corrompido a juventude. Consagra sua derradeira manhã a discutir calmamente com os discípulos, principalmente a questão da vida após a morte, ou seja, a imortalidade da alma. Quando estes chegam à prisão, o guarda solta Sócrates das correntes que o prendiam durante a noite e, diz-nos Platão, Sócrates esfrega os tornozelos com vivo prazer. Por que Platão dá-se ao trabalho de nos precisar isto? Seus diálogos, sob sua aparência natural, são obras literárias compostas com muita sutileza, e cada detalhe é provido de um significado. Platão decerto quer sugerir-nos a seguinte idéia: Sócrates sente um prazer intenso de ser liberto de suas correntes. O prazer aqui tem como causa a libertação, o alívio, a cessação de um sofrimento. Não se poderá generalizar essa idéia e reconhecer uma origem semelhante para todo prazer? Com efeito, todo prazer procede de um desejo, logo, segundo o que vimos no capítulo anterior, de um sofrimento. Se não há desejo anterior, não há prazer; por exemplo, o mesmo alimento que nos encanta quando estamos com fome causa-nos náusea quando estamos saciados e tentamos mesmo assim ingeri-lo. O prazer não pode ser estimulado mecanicamente à vontade, pois não depende apenas do objeto que nos proporciona, mas sobretudo de nossa disposição subjetiva, de nosso desejo. Ora, todo estado de desejo é também um estado de carência, portanto de sofrimento. E, se o objeto que preenche essa carência nos causa prazer, é antes porque assim dá um fim ao sofrimento. O exemplo dos tornozelos de Sócrates mostra bem que a cessação de um sofrimento causa prazer. Todo prazer não seria, portanto, senão alívio, o que não suspeitávamos antes desta análise. Se o prazer provém apenas da supressão de um sofrimento anterior, daí resulta que ele não passa de um ser de transição, um diferencial de dor, uma simples passagem de um estado de sofrimento para um estado de menor ou de nenhum sofrimento. É por isso que, contrariamente à impressão que temos dele, o prazer não é um ser positivo, auto-suficiente. De fato, não se pode acumulá-lo mecanicamente. É por isso também que, sendo apenas um ser de transição, é transitório, efêmero, evanescente: o prazer, infelizmente, não perdura.

Dois mil e quatrocentos anos depois de Platão, o grande doutor Sigmund Freud elabora uma teoria similar. Pensa que o desejo é semelhante a uma energia desejosa global a que ele que chama libido e que pode fixar-se em diferentes objetos. Concebe essa energia desejosa como uma tensão psicofisiológica, o que quer dizer que ao desejo espiritualmente sentido deve corresponder uma tensão neuroquímica no cérebro, análoga a uma tensão elétrica. E o prazer deve então corresponder ao relaxamento dessa tensão, a uma queda de potencial elétrico. Portanto, ele é o produto de um diferencial de tensão, sendo essa a razão de ser essencialmente transitório.

O prazer e a felicidade

Podemos desde já tirar uma primeira conseqüência da análise precedente, quanto às nossas possibilidades de alcançar a felicidade. Parece mesmo que não se possa constituir um estado contínuo de satisfação, o que é propriamente a felicidade, com prazeres que só podem ser breves, consecutivos a um tempo prévio muito mais longo de desejo, portanto de mal-estar, até mesmo de sofrimento – uma vez que só pode haver prazer depois de um desejo, porque o prazer não é uma realidade independente que se possa acumular e reproduzir à vontade. Tomemos o exemplo dos prazeres da gula. Quando comemos aquilo de que gostamos, é claro que primeiro sentimos prazer. Depois ficamos saciados, uma certa indiferença ou lassidão para com as iguarias propostas apodera-se de nós, já não temos desejo. E se persistíssemos em comer mais, ficaríamos então tomados de enjôo, em vez de obter um acréscimo de prazer. Também é uma experiência muito comum observar que, quando obtivemos alguma coisa, mesmo que a tenhamos desejado muitíssimo e há muito tempo, passado um curto tempo de alegria, isso quase já não nos dá satisfação. Pode-se assim consagrar um ano de vida para preparar o sucesso numa prova ou numa vitória esportiva para saborear um dia, uma hora ou mesmo cinco minutos de alegria!

O desejo insaciável

Precisamos ainda acrescentar uma coisa à análise precedente: não contente em dar-nos apenas curtas e pífias satisfações, no fundo bem decepcionantes, o desejo não pára de renascer, incidindo o mesmo desejo a cada vez sobre o que é mais ou menos um novo objeto. Assim, o desejo nunca fica plenamente satisfeito; é insaciável. Por exemplo, o avarento nunca se contenta com a fortuna que já tem; quer sempre mais ouro. O dom Juan nunca se satisfaz com todas as mulheres que já possuiu, com todas as amantes que suspiram atrás dele; quer incessantemente novas conquistas. O ditador, por sua vez, nunca dá-se por satisfeito com o poder e os territórios obtidos; quer sempre mais poder e mais povos submetidos. Esses homens jamais estão satisfeitos, estão sempre desejosos, portanto sempre infelizes. Ora, eles só se singularizam porque são monomaníacos animados por um único apetite. A maior parte dos homens deseja simultaneamente a riqueza, o poder, o amor e a glória. Essa diversidade, associada à mediocridade de seus talentos, impede-os de conquistar tudo o que quereriam. Por conseguinte, parece mesmo que o homem sempre terá mais desejos do que poderá satisfazer. Isso distingue o desejo humano da necessidade natural, animal, que é, por sua vez, estritamente limitada e fácil de satisfazer. O leão saciado adormece. O homem, quando satisfez suas necessidades vitais, põe-se em busca de aventuras, de novas sensações. O homem é o eterno insatisfeito que jamais conhecerá a felicidade.

Experimentaremos a felicidade quando tivermos obtido uma potência suficiente para satisfazer todos os nossos desejos, diziam os sofistas, ainda que para isso nos seja preciso a mais alta potência. Além de a onipotência ser acessível apenas a Deus e não aos homens, há nisso uma ilusão. Pois quanto mais poder tenho, mais aumentam meus desejos. Serei entretanto menos infeliz à medida que aumenta meu poder? Nem isso, pois meus desejos crescem na mesma medida, e numa proporção maior, conforme uma expansão inflacionista, hipertrófica, logarítmica. Quanto mais poder tenho, e quanto mais desejos tenho que excedem esse poder, mais aumenta a distância entre meu poder e meus desejos. Ora, essa distância são meus desejos insaciados, meu sofrimento, minha infelicidade que portanto aumentam. Assim, o tirano, que detém o máximo de poder, não é o mais feliz dos homens, como pretendem os sofistas, porém o mais infeliz, como mostra Platão para refutá-los.

A lógica perversa dos possíveis

Rousseau sugere uma idéia que proporciona uma justificação profunda para essa simples constatação de Platão. Vê nisso a eficiência da imaginação. De fato, sustenta Rousseau, o homem civilizado deve ser muito mais infeliz do que o bruto primitivo, pois a vida em sociedade, coagindo-o à linguagem, desenvolve suas diferentes faculdades intelectuais, dentre elas a imaginação. E quanto mais cresce esta última, mais novos prazeres possíveis ela nos representa, ainda que não sejam facilmente acessíveis. Ademais, acrescenta ele, logo nos acostumamos ao conforto e ao luxo que pudemos obter. A presença deles já não nos alegra, mas sua privação doravante nos faria sofrer. Assim, à medida que nossa comodidade vai aumentando, criamos para nós novas dependências e novas ocasiões de sermos infelizes.

Ademais, o poder também aumenta a imaginação. Tomemos um exemplo muito simples. Se estou passando na frente de uma vitrina de uma grande loja quando não tenho dinheiro no bolso, e poucas perspectivas de tê-lo proximamente, não perco meu tempo contemplando os objetos expostos. Não me são destinados, mas não me sinto pior por isso. Em compensação, se possuo certa soma de dinheiro, posso examinar todos esses objetos que tenho os meios para adquirir. Mas apenas um me é acessível, já que não tenho uma fortuna suficiente para comprar toda a loja. No entanto, num certo sentido, todos me são acessíveis, já que posso adquirir cada um deles, embora um só por vez. Posso então desejar todos esses objetos. E quando eu acabar comprando um deles, ficarei infeliz por todos os outros que não poderei possuir, e talvez me censure por minha escolha. Tal é a lógica perversa do poder, que abre diante de nós um campo ilimitado de possibilidades desejáveis, mas não todas *simultaneamente* possíveis. Todo envolvimento é ao mesmo tempo uma renúncia, todo ato uma perda da liberdade de escolha.

E cumpre observar que há como que uma sabedoria imanente à nossa alma. Com efeito, quando uma coisa prazerosa nos parece ser inacessível, ela só é objeto de um almejo vago, de um devaneio sem grande investimento de energia desejosa. Evitamos ficar babando em vão. Em compensação, quanto mais da ordem do *possível* se torna essa coisa, mais intenso se torna nosso desejo, até fazer-nos sofrer atrozmente. É igualmente uma experiência banal observar que os pobres que não têm quase nada também só têm desejos muito simples e pouco numerosos: um teto para proteger-se do frio e algo com que matar a fome... Ao inverso, os ricos, que já têm tanto para ser felizes, se destacam por desejos extravagantes, e a menor ninharia que lhes falta é para eles como que uma imensa catástrofe que lhes arruína toda a felicidade e os faz sapatear de raiva como crianças mimadas demais. Quanto mais ricos e poderosos somos, mais rebuscados e refinados se tornam nossos desejos, difíceis de satisfazer, e se chocam com limites absolutos: os da temporalidade, da saciedade, do organismo vivo. Quem já tem tudo vem a desejar a eterna juventude, o gozo permanente; parte para a guerra contra o tempo e a condição humana. Trabalho perdido... Assim, o tirano é mesmo o mais infeliz dos homens, ele que se pretende o senhor dos outros é escravo de seus desejos. Nem sequer é o seu próprio senhor, uma vez que não pode resistir ao que faz sua infelicidade.

III
AS GRANDES SABEDORIAS

Acabamos de ver que, contrariamente à convicção dos sofistas, que é também a dos modernos e o fundamento da sociedade de consumo, quanto mais o homem aumenta seu poder, mais ele aumenta seus desejos, portanto seus desejos insatisfeitos, e mais infeliz fica. São essas a lógica perversa do desejo e a cruel ironia de nossa condição humana: quanto mais desejamos a felicidade e quanto mais nos pomos em condições de conquistá-la, mais ela nos escapa. O homem seria, pois, condenado à infelicidade. Não haverá realmente outra saída senão essa desoladora conclusão?

Felizmente, profundos pensadores encontraram outras soluções para o problema da felicidade humana e tiveram a generosa idéia de ensiná-las a seus irmãos. Logo, só nos resta ficarmos à escuta dos grandes sábios da humanidade, esperando que eles nos revelem o caminho da verdadeira felicidade.

O epicurismo

Epicuro, no século III a.C., pensa, também ele, que o objetivo da vida humana é obter a felicidade. Está mais de acordo com o homem moderno: o meio de alcançar a felicidade é o prazer nascido da satisfação dos desejos. Até agora, seu pensamento em nada contradiz as opiniões mais comuns. Cumpre buscar o prazer, pois é seu acúmulo que constitui a felicidade. Esta doutrina que prega assim o prazer se chama hedonismo (do grego *hedoné*, o prazer). Portanto, devemos ficar em condições de experimentar o prazer na vida, de aproveitar os bons momentos, e mesmo de cada dia, de cada instante, isso que diz a célebre máxima latina que reflete o ensinamento de Epicuro: *Carpe diem*, "Colha o dia". Para isso, devem-se primeiro eliminar as preocupações e as angústias. É bem isso que sentem todos os nossos contemporâneos que correm ao psicanalista ou psicólogo!

O materialismo contra as angústias religiosas

Uma das primeiras causas de angústia nos humanos é, segundo Epicuro, a inquietude religiosa e a superstição. Muitos homens vivem no temor dos deuses. Têm medo de que sua conduta, seus desejos não agradem aos deuses (ou a Deus, para os monoteístas, que Epicuro não conhecia), que estes julguem seus atos imorais ou ofensivos contra suas leis e se decidam a punir severamente os pobres fomentadores, esmagando-os de infelicidade já nesta vida ou castigando-os depois desta vida. Pensam também que se deve prestar um culto escrupuloso a essas divindades, dirigir-lhes preces, súplicas, fazer-lhes oferendas a fim de granjear suas boas graças. Pois os deuses são suscetíveis, irritam-se por nada, e às vezes ficam mesmo ciumentos da felicidade dos simples mortais, que eles se comprazem então em arruinar. Todas essas crenças que envenenam a vida dos homens não passam de superstições e de patranhas para Epicuro.

Para convencer-se disso, deve-se investigar quais são os fundamentos reais das coisas, é preciso um conhecimento metafísico, ou seja, uma ciência da totalidade do mundo[1]. Esta nos revelará que o princípio de todas as coisas é a matéria, que tudo quanto existe é material. Assim, a ciência pode explicar todos os fatos do mundo, todos os fenômenos da Natureza, mesmo os que mais assustam e aterrorizam os homens, como procedentes de mecanismos materiais desprovidos de qualquer intenção de prejudicar, e de modo algum espíritos divinos com vontades variáveis. Por exemplo, as intempéries que devastam seus bens e arruínam você não são em absoluto a expressão de uma vingança divina para punir as faltas que você cometeu no passado, mas somente a resultante de

---

1. A metafísica é a filosofia como ciência do real, junto com as outras partes da filosofia, que são a lógica, a ciência da verdade, a moral, a ciência do bem, a sabedoria, o saber da felicidade. Segundo a divisão estabelecida no século XVIII por Wolff, discípulo de Leibniz, a metafísica se compõe de quatro partes:
– a ontologia, ou ciência do ser em geral;
– a cosmologia, ou ciência do mundo;
– a psicologia, ou ciência da alma;
– a teologia, ou ciência do ser absoluto.

O ser, a alma, o mundo e Deus são os quatro objetos da metafísica. O adjetivo "ontológico" significa simplesmente "que se refere ao ser", ou seja, ao ser em geral, à totalidade do que é. Tomarei a liberdade de empregá-lo a seguir, pois é de uso corrente na filosofia.

forças naturais cegas e indiferentes ao seu devir. É isso que será estabelecido de forma mais completa pelo discípulo latino de Epicuro, Lucrécio, em seu livro *De rerum natura* (*Da natureza das coisas*), dando-se até ao luxo de várias explicações possíveis dos mesmos fenômenos, alegando o fato de que o essencial não é conhecer a verdadeira causa do fenômeno, mas saber que ele possui uma causa material não intencional. De fato, é apenas isso que importa à nossa felicidade, porquanto esse saber nos livra das angústias religiosas. Vemos aí quanto a perspectiva dos gregos difere daquela de nossos modernos cientistas.

A morte não é nada para nós

A metafísica materialista também vai permitir livrar a humanidade de um de seus maiores temores: o temor da morte. Os homens têm realmente medo da morte e fazem de tudo para evitá-la. Mas que temem nela? É precisamente o salto no absolutamente desconhecido. Não sabem o que os espera e receiam confusamente que terríveis sofrimentos lhes sejam infligidos, talvez em punição de seus atos terrestres. Os cristãos, por exemplo, imaginarão que qualquer um que tenha agido mal e não obteve o perdão de Deus irá assar nas chamas do inferno. O medo da morte está relacionado com as superstições religiosas de que a metafísica materialista nos liberta. Ademais, se tudo no universo é feito apenas de matéria, se nós, como todos os seres vivos, somos apenas agregações de átomos, quando morremos, são apenas nossos átomos que se separam, que se desagregam, é apenas nosso corpo que se decompõe, primeiro num ponto (o que está ferido ou doente), depois em todos. Por conseguinte, nada de nosso ser sobrevive, não há nada depois da morte, "a morte não é nada para nós". Aqueles que pensam que a vida do corpo, o pensamento, a sensação, o movimento vêm da alma e que essa alma poderia sobreviver após a morte do corpo, estão errados. Pois a própria alma é feita de matéria, por certo mais sutil, quase invisível; mas se ela não passa de uma agregação de átomos, ela também se decompõe quando sobrevém a morte, e até, de acordo com a experiência mais comum, deve-se pensar que é a primeira a decompor-se pois que a morte se mostra imediatamente privada de vida, de sensação, de pensamento e de movimento, enquanto o resto do corpo ainda parece quase intato e levará alguns dias antes de começar a decompor-se. Falam-lhe, tocam-no, beliscam-no e ele não tem nenhuma reação, não manifesta nenhum sentimento... A morte se caracteriza bem, em primeiro lugar, pela ausência de sensação. Epicuro pode escrever:

> *Habitua-te com o pensamento de que a morte não é nada para nós, uma vez que só há bem e mal na sensação, e a morte é ausência de sensação.*

De fato, as sensações que temos de nosso corpo e, através dele, das coisas do mundo são a fonte de todo conhecimento, e também de todo prazer e de toda dor, portanto o verdadeiro lugar de todo bem e de todo mal, já que o bem real é apenas o prazer e o mal, a dor. Podemos denominar o pensamento de Epicuro como um sensualismo que fundamenta toda a vida interior na sensação. Como a morte é o desaparecimento das sensações, não pode haver nenhum sofrimento na morte, nem sobretudo depois da morte. Tampouco pode haver sobrevivência da consciência, do pensamento individual. Epicuro tem ainda esta bela frase:

> *Assim, o mal que mais assusta, a morte, não é nada para nós, pois, quando existimos, a morte não está presente, e, quando a morte está presente, deixamos de existir.*

Em conseqüência, posso viver, agir e aproveitar os prazeres desta vida sem temer nenhuma punição depois, sem estragar minha vida angustiando-me com a idéia do que me espera. E, até, sei doravante que é aqui e agora que tenho de ser feliz, nesta vida, pois não tenho nenhuma outra. Minha felicidade na vida é um caso sério que não agüenta nenhuma espera. Tal é o ensinamento da sabedoria materialista.

A moderação dos desejos

Agora que vimos as duas condições negativas da felicidade, ou seja, os pensamentos e os temores que temos de eliminar para usufruir a vida, temos ainda de definir positivamente como atingir a felicidade. Um pouco de reflexão nos mostra que é absurdo desejar prazeres inacessíveis, ou que têm conseqüências desagradáveis e são pagos com os maiores sofrimentos, como os prazeres da gula que, praticados em excesso, acabam por deixar-nos tremendamente doentes. Logo, convém moderar os desejos, operar uma triagem entre eles. Mas até que ponto? É preciso rejeitar todos os desejos que não são naturais e também os que não são necessários para nossa sobrevivência, para nossa saúde ou para nossa felicidade, diz Epicuro. Mas que é que é natural nos desejos humanos? E, sobretudo, que é que é absolutamente necessário para nossa felicidade? Epicuro não dá resposta muito precisa, mas diz-nos que é preciso saber contentar-se com pouco. Assim, quem deseja iguarias refinadas se arrisca muito a ficar decepcionado e infeliz se nem sempre tem os meios de proporcioná-las a si, ou se o cozinheiro não acerta seu prato, ou se milhares de outros aborrecimentos vêm privá-lo delas. Ter desejos de luxo expõe-nos a sofrer com freqüência. Logo, cumpre eliminá-los. Em compensação, quem só deseja alimentos "naturais", um pouco de pão e de água por exemplo, encontrará facilmente com que se satisfazer e até pode tirar daí um imenso prazer se está realmente com fome e sede. Ademais, o sábio que não deseja nada demais poderá mesmo assim, se for convidado a um banquete, usufruir os alimentos suculentos. Tais prazeres não são de modo algum proibidos, contanto que não os desejemos sempre, que não sejamos dependentes deles ou, como hoje se diz, que não sejamos "fanáticos" por eles. Portanto, devemos passar nossos desejos pelo crivo da razão e eliminar implacavelmente todos que não são naturais e necessários, todos que são vãos, artificiais, supérfluos ou excessivos. Então ficaremos sábios e atingiremos a ataraxia, diz Epicuro, o estado de ausência total de conturbação na alma, ou seja, a felicidade. Com efeito, são as angústias, as paixões, os desejos insaciados que conturbam nossa alma, fazem-nos sofrer e impedem-nos de ser felizes. Livrar-se de tudo isso já é ser feliz, assim como se deve pensar que o prazer já está na ausência de sofrimento. Vemos que Epicuro redefine o prazer (e correlativamente a felicidade) ao inverso do pensamento comum, que só percebe prazer numa excitação positiva dos sentidos ou do espírito. Vemos também qual é a verdadeira natureza do hedonismo de Epicuro e que monumental contra-senso cometeu a tradição fazendo dele "uma moral de porcos libidinosos chafurdando na luxúria", ao passo que se trata acima de tudo de uma ascese, de um domínio dos desejos, bastante semelhante ao que podem praticar certos religiosos, eremitas ou ascetas, ainda que seja dentro de objetivos totalmente diferentes.

Crítica da sabedoria epicurista

A sabedoria de Epicuro não nos parece porém inteiramente satisfatória por ao menos três razões. Acabamos de ver que ele identifica o prazer ao não-sofrimento, a felicidade à ataraxia. Ora, há realmente uma diferença entre os dois, como entre um estado neutro e um bem real, ou como entre o zero e um número positivo. Portanto, sua doutrina pode evitar-nos o sofrimento, mas não nos dar uma felicidade real.

E mesmo isso parece duvidoso. De fato, Epicuro pede-nos que renunciemos a inúmeros desejos. Em nome de quê? Somente pela reflexão de que a satisfação deles nem sempre será garantida e de que depender desses desejos pode um dia deixar-nos infelizes. Mas terá a razão o poder de suprimir um desejo, sobretudo mediante essa simples reflexão? Ela poderá combater a atração de um prazer próximo e de sua promessa de felicidade? Não parece. Precisaríamos então dar provas de muita vontade e recusar satisfazer nossos desejos, agir de acordo com eles, uma vez que não temos o poder de suprimi-los em nós por simples ato de vontade, esperando que essa ascese, com o tempo, acabará por fazer tais desejos desaparecerem. Mas isto quer dizer que devemos começar aturando muito tempo a presença em nós de inúmeros desejos insaciados, o que é o contrário mesmo da felicidade e equivale a nos tornarmos nosso próprio verdugo. O religioso, que se torna eremita e retira-se do mundo e de seus prazeres e vive na renúncia e na mortificação, espera, ele, agradar a Deus e obter assim um lugar no paraíso, uma beatitude eterna em recompensa de seus sofrimentos. Mas Epicuro não acredita em nada disso e nos preconiza uma atitude semelhante para nos proporcionar a felicidade terrestre. Ora, parece-nos mesmo que não se possa constituir uma felicidade com uma série de recusas de satisfações.

De outro ponto de vista, podemos também pensar que a filosofia de Epicuro, em seu método para encontrar a felicidade, desvia-nos de objetivos mais elevados ou mais nobres do que nossa simples satisfação pessoal. Ela nos proíbe ter grandes desejos, bem como grandes projetos humanitários ou artísticos, pois quem quer salvar povos da fome ou da guerra, ou quem quer criar uma obra de arte sublime, tem muitas possibilidades de fracassar. Desejos insensatos, não naturais, não necessários, diria Epicuro, que fazendo isso reduz o homem a um mero ser de sensação, puramente egoísta. Noutros termos, se a sabedoria epicurista, ao moderar nossos desejos, impede-nos de ser maldosos com outrem, porque já não ficamos tentados a roubá-lo ou a ludibriá-lo, nem por isso nos torna mais bondosos, tampouco mais nobres ou grandes. Portanto, precisamos sair em busca de uma outra sabedoria.

A negação de todo desejo ou o budismo

O budismo propõe-nos uma sabedoria muito mais radical que a de Epicuro. As três primeiras verdades fundamentais ensinadas por Buda são as seguintes:
1. Toda vida é sofrimento;
2. A origem da vida e do sofrimento é o desejo;
3. A abolição do desejo acarreta a abolição do sofrimento.

Poderíamos representar o essencial deste pensamento com esta equação:
Vida = Desejo = Sofrimento.

Com efeito, só há vida pelo desejo, pelo desejo acirrado de sobreviver, de se defender contra os outros viventes, de alimentar-se, de matar para isso, como se vê em todos os viventes, os animais e os homens. Logo, o desejo fundamental é o desejo de perseverar em seu ser, o desejo de ser e de persistir em ser um indivíduo, separado e diferente do resto do mundo, ou, como dizem os orientais, o desejo de individuação.

De outro lado, o desejo nunca é saciável, sempre sofremos com desejos insaciados, que redobram ainda mais as dores físicas da doença e da velhice, que são o quinhão dos viventes. Em resumo, olhando as coisas lucidamente, a vida é essencialmente feita de sofrimento. Bem raros são os momentos de verdadeira alegria. Por certo, temos a esperança de chegar um dia à felicidade mediante a satisfação de todos os nossos desejos: aliás, é isso que nos faz viver, mas não passa de uma vã ilusão. O que é preciso, pois, é conseguir escapar ao sofrimento.

O nirvana, o carma e a reencarnação

Que fazer? A solução impõe-se de um modo lógico: basta suprimir em nós todos os nossos desejos, inclusive nosso desejo fundamental de viver e de ser feliz. Quando o conseguirmos, ficaremos livres do desejo, portanto do sofrimento. Atingiremos então o estado chamado de *nirvana*, ou seja, de libertação, que é caracterizado como um estado bem-aventurado. Vemos que, segundo o budismo, deve-se matar em si todo desejo. Mas nem por isso suicidar-se é a solução certa para escapar ao sofrimento. De fato, quem se suicida o faz porque sofre demais com seus desejos insaciados e por desesperança de conseguir encontrar a felicidade. Logo, ainda está repleto do desejo de sua felicidade pessoal. Em conseqüência, uma vez que é o desejo de individuação que produz a vida, ele deverá necessariamente reviver, ou seja, reencarnar-se. A doutrina oriental da reencarnação é portanto rigorosamente lógica nesse plano.

Dá-se o mesmo com seu corolário, a doutrina do *carma* (termo que se pode traduzir por "destino"), que em geral é mal compreendida. Os ocidentais e as religiões populares orientais o consideram em geral de uma forma moralizadora: se a pessoa sofre nesta vida, se está às voltas com um destino cruel, é porque praticou o mal numa vida anterior e o está pagando agora. Esta concepção supõe uma divindade providencial, que vigia nossos atos e distribui castigos e recompensas. Mas por que então ela espera uma outra vida? Na realidade, a doutrina do *carma* não requer a existência de um juiz divino assim. Decorre da lógica própria do desejo. Com efeito, se morremos tendo ainda na alma todos os tipos de desejos insaciados, de saudades, de apetites, necessariamente reencarnamo-nos num ser animado desses desejos. Ora, quanto mais desejos temos, mais sofremos. O *carma* nada mais é senão isso: o sofrimento que quem não soube superar seus desejos na vida precedente inflige de certa forma a si mesmo.

Em conseqüência, nossas existências múltiplas podem seguir dois tipos de trajetórias. Uma é "descendente": se em cada uma de nossas existências acumulamos cada vez mais desejos, reencarnamo-nos todas as vezes num ser cada vez mais baixo, vil, desejoso e sofredor. Assim é que aquele que é animado de desejos particularmente bestiais acabará reencarnando-se num animal, feroz ou libidinoso, e prosseguirá sua derrocada conforme os graus da hierarquia dos seres. A outra direção, "ascendente", compete àquele que vai superando aos poucos seus desejos no decorrer de suas sucessivas existências. Por conseguinte, ele se reencarnará em seres cada vez mais nobres, puros, sábios, cada vez menos desejosos e sofredores, até que elimine de si todo desejo e atinja o desprendimento absoluto, o *nirvana*. Então seu ciclo de existência terá fim, ele parará de se reencarnar e, já que terá suprimido em si o desejo de ser um indivíduo separado, se reunirá com o absoluto, o Brahma, e se fundirá nele. Pois apenas o absoluto existe. É por uma catástrofe ontológica, aliás inexplicada, que seres, que não passam de fragmentos do absoluto, se destaquem e se distanciem dele, acreditem existir por e para si mesmos, acreditem ser indivíduos separados e se tomem mesmo pelo centro do mundo, o que lhes fundamenta o egoísmo. Portanto é uma "ignorância transcendental" que está na origem das existências individuais e do desejo de perseverar em seu ser, portanto do sofrimento. O conhecimento deve vir suprimir essa ignorância, rasgar o "véu da maya" e revelar o caráter profundamente ilusório de toda existência, de nós mesmos, bem como de tudo que nos rodeia.

O budismo, sabedoria ou religião?

Buda, que viveu por volta do século V a.C., ensinou tudo isso. Aliás, ateve-se a enunciar claramente o fundamento metafísico, em toda a sua pureza, do pensamento religioso oriental, desvencilhado de todos os seus ouropéis de superstições populares, de divindades politeístas que atulham a religião hinduísta. A ironia da história quer que Buda, que pretendia ser apenas um homem que simplesmente tomou consciência das ilusões e encontrou o caminho da sabedoria, tenha sido resgatado pelo hinduísmo e tenha-se tornado uma divindade entre outras em seu panteão, a quem se reza ou se implora. Pois, embora Buda seja também um deus para uma forma popular da religião budista, o budismo erudito e autêntico[1] é muito mais uma sabedoria filosófica do que uma religião, ou pelo menos é uma religião sem deus. Com efeito, se toda existência individual é ilusória, se apenas o absoluto existe, ele não pode ser um indivíduo, como o Deus cristão, que tem um pensamento e uma vontade, ou como os deuses politeístas. O absoluto, o Brahma, só pode ser um princípio rigorosamente impessoal e nem sequer um deus. Tirando logicamente as conseqüências metafísicas dos princípios profundos das religiões orientais, o ensinamento de Buda, entretanto desejoso de evitar as rixas filosóficas e cioso unicamente de salvação individual, vem necessariamente a criticar-lhes a forma popular heterogênea.

No entanto, esse pensamento metafísico fundamental impregna radicalmente a mentalidade oriental. Sem dúvida é ele que dá aos hindus, entre outros, essa extraordinária capacidade de resignação, que os faz suportar de coração leve situações de miséria material pavorosa. Assim, Dominique Lapier-

---

1. Esta distinção de uma forma de budismo mais autêntica do que outra é discutida do ponto de vista da história ou da ciência das religiões, mas parece-me legítima do ponto de vista metafísico.

re pôde sem ironia denominar seu depoimento sobre a vida nos subúrbios de Calcutá, de extrema pobreza, *La cité de la joie* (A cidade da alegria). Claro, como todos os humanos, os hindus são animados por múltiplos desejos, e são esses desejos que dão origem a crenças nas divindades politeístas a quem se implora a fim de garantir um destino melhor para si, mas a sabedoria profunda de suas religiões os leva a combater seus próprios desejos, a julgar como desprezíveis suas ações e suas tentativas para melhorar sua situação. A contrapartida negativa dessa admirável resignação é evidentemente que ela impede qualquer luta para mudar as coisas. Os homens de ação devem ser sufocados pela reprovação geral. É isso que explica que as sociedades orientais fiquem estagnadas e não evoluam muito, ou então somente sob a influência ocidental, adotando uma mentalidade estrangeira.

O pessimismo de Schopenhauer

Poder definir o budismo como uma sabedoria ou como uma religião sem deus é confirmado pelo fato de que suas principais afirmações são repetidas na filosofia ocidental pelo sistema de Schopenhauer. Esse filósofo alemão de meados do século XIX é rigorosamente ateu. Tira disso conseqüências radicais: se Deus não existe, a vida é absurda; de fato, vivemos, sofremos, fazemos esforços, tudo isso para acabar morrendo, ou seja, por nada. Nenhum paraíso, nenhuma recompensa nos espera. Ademais, a vida é essencialmente feita de sofrimento. Se examinamos lucidamente nossa experiência da vida, sem a embaralhar com falsas esperanças, e se fazemos a conta dos bens e dos males, descobrimos que a soma total dos sofrimentos é muito superior à soma dos prazeres experimentados numa vida. Logo, a vida não vale a pena ser vivida. Tudo que nos resta fazer é escapar ao sofrimento matando em nós o desejo de viver... Vemos que reencontramos nesse filósofo exatamente as mesmas idéias dos budistas, combinadas com muitas outras análises, provas, discussões e resgates da filosofia kantiana, em cujos pormenores não entraremos.

Acrescentemos porém que Schopenhauer é igualmente autor de uma pequena obra, *Aforismos sobre a sabedoria na vida*, cuja introdução precisa logo de início que ela repousa inteiramente no pressuposto de que se pode atingir a felicidade, enquanto seu grande livro, *O mundo como vontade e como representação*, demonstrou a falsidade dessa tese. Portanto, ele escreve esse opúsculo de um ponto de vista popular que desmente sua metafísica verdadeira. Estranho desdobramento esquizofrênico, a não ser que ele tenha tido problemas de fins de mês... Um exemplo do estilo delicado do "pessimista de Frankfurt":

> *De uma maneira geral, é verdade que os sábios de todos os tempos sempre disseram a mesma coisa, e os tolos, ou seja, a imensa maioria de todos os tempos, sempre fizeram a mesma coisa, saber o contrário, e sempre será assim*[2].

Desespero e beatitude segundo André Comte-Sponville

Reencontramos igualmente um pensamento muito influenciado pelo budismo na idéia fundamental defendida por André Comte-Sponville. Este adota um fundamento metafísico claramente materialista, o que constitui a ideologia de nossa época. Depois, a partir dessa base, retoma as análises de Epicuro, de Spinoza, dos estóicos e, operando uma síntese de toda essa tradição filosófica, elabora uma sabedoria para o nosso tempo. Sua tese central é a seguinte: é somente pelo desespero que se consegue alcançar a felicidade. Ele a expõe

---

2. *Aphorismes sur la sagesse dans la vie*, PUF, col. "Quadrige", p. VIII.

em seu *Traité du désespoir et de la béatitude*[3] (*Tratado do desespero e da beatitude*). Convém, segundo ele, reconhecer um sentido positivo no desespero. Com efeito, os homens são cheios de esperanças, de ilusões, portanto de desejos, e sofrem por não ver realizar-se tudo o que esperam, por não obter tudo o que pretendem. A esperança é que nos envenena a vida. Convém, pois, eliminar as esperanças, acossar em todos os campos as ilusões. Em suma, devemos matar em nós o desejo, como dizem os budistas. Somente então, no fundo do mais completo desespero, poderemos experimentar a alegria de viver, atingir a beatitude. E Comte-Sponville cita em apoio à sua tese, paradoxal mas afinal de contas lógica, uma frase do *Samkhya Sutra*, coletânea da disciplina filosófica do hinduísmo:

Apenas é feliz quem perdeu toda a esperança; a esperança é a maior tortura que existe, e o desespero, a maior felicidade[4].

Estamos vendo que diferentes pensadores ocidentais compartilham a mesma intuição fundamental de Buda e das religiões orientais. Eles lhes modulam diferentemente certos aspectos de acordo com a personalidade deles. Mais pessimista, Schopenhauer não concede muito espaço para a felicidade. O homem pode somente tender para escapar ao sofrimento, pelo aniquilamento de seu querer-viver. Mais otimista, Comte-Sponville situa o *nirvana*, a beatitude na Terra, nesta vida, em vez de reportá-lo ao além, como a maior parte das religiões. Esses diferentes pensadores são, um pouco mais, um pouco menos, passíveis das críticas que podemos dirigir à sabedoria budista.

---

3. Tomo I, *Le mythe d'Icaro* (trad. bras. *Tratado do desespero e da beatitude*, São Paulo, Martins Fontes, 1997), tomo II, *Vivre* (Viver) PUF, que expõem seu pensamento profundo com mais nitidez que o *Petit traité des grandes vertus* (trad. bras. *Pequeno tratado das grandes virtudes*, São Paulo, Martins Fontes, 1995), que pende mais para a apresentação de análises filosóficas tradicionais.

4. *Vivre*, p. 292.

O budismo, adoração do nada

Poderíamos repetir contra o budismo algumas de nossas censuras formuladas contra o epicurismo. De fato, não é a felicidade positiva que ele nos traz, mas somente a cessação do sofrimento. Ora, isso não é idêntico. Mas, objetarão, a fusão com o absoluto não é um gozo, uma beatitude? Não se pode pensar isso, uma vez que ela só se opera mediante a supressão de nossa consciência individual. Ora, se deixo de ser um indivíduo consciente, não sinto mais nada; falar de minha felicidade já não tem nenhum sentido. Contudo, é bem essa aniquilação de si, esse suicídio espiritual que o budismo busca, notadamente através da ioga. Um dos mais elevados exercícios de meditação iogue, visando ao qual é buscado o domínio do corpo e do pensamento, é o fato de conseguir pensar o nada, ou seja, já não pensar em nada, já não pensar de modo algum, aniquilar o pensamento e – uma vez que somos seres essencialmente pensantes – o ser. Ademais, o próprio absoluto, no qual é preciso fundir o ser, nada mais é senão o nada. Os orientais sentem algumas dificuldades em falar do Brahma, precisamente porque não se pode dizer nada dele: do nada, nada se diz. Mas, se a existência individual é uma ilusão e um mal, o absoluto budista não pode ser um indivíduo: é um princípio rigorosamente impessoal, diferentemente do Deus judaico-cristão, que é uma pessoa, que tem um pensamento, uma vontade, que cria voluntariamente e com amor um mundo e seres distintos dele, que se dirige mesmo a eles dizendo "eu". O budismo, como diz Hegel, pode bem ser caracterizado como uma adoração do nada. E, se sua sabedoria pode fazer-nos escapar ao sofrimento, é à custa da renúncia ao ser, à ação e à alegria verdadeira. Ele prega realmente a doutrina do não-agir. Nele, o sábio, por exemplo, ensina de curiosa maneira: um discípulo, atraído por sua reputação de sabedoria, vem vê-lo e não o deixa mais, esperando um grande aprendizado e uma grande revelação; mas o sábio não lhe diz nada, não se ocupa dele, até o dia em que o discípulo compreende que não há nada que aprender nem nada que fazer e vai embora. Mas a nós, essa sabedoria não nos satisfaz. Não queremos renunciar ao nosso ser e queremos uma verdadeira felicidade, não um simples aniquilamento.

O amor ao destino, ou o estoicismo

Nem a moderação epicurista dos desejos nem a supressão budista de qualquer desejo me pareceram ser sabedorias satisfatórias, capazes de me dar efetivamente a felicidade. Portanto, tenho de pôr-me em busca de outra sabedoria. Posso retomar a análise partindo, a exemplo dos filósofos estóicos, de três afirmações básicas pouco contestáveis: a felicidade seria ter tudo o que eu desejo; a liberdade, fazer tudo o que quero; o homem, escravo de seus desejos, não tem nem felicidade nem liberdade. Esta última tese foi suficientemente demonstrada por Platão (cf. Parte II).

Loucura dos desejos

Mas por que as coisas são assim? É que ter tudo o que desejo e fazer tudo o que quero não estão em meu poder. Obter tudo isso não depende de mim, mas de circunstâncias externas, da cooperação alheia, da sorte, em suma, do conjunto do universo. Por exemplo, ser amado não se comanda. Isto depende dos sentimentos alheios. Posso esforçar-me para seduzir, mas nunca estou seguro do resultado, nem do nascimento, nem da duração de um amor. Ganhar um combate também não depende somente de minha decisão: posso treinar-me o mais possível, mas a vitória dependerá da força relativa do adversário. Fazer fortuna não decorre de meu mero desejo. Posso comprar um bilhete de loteria, mas não tenho o poder de fazer de modo que seja o premiado. É o acaso que decidirá. Posso abrir um comércio, criar uma empresa, mas entrego-me então a todas as vicissitudes da economia. Perseguindo tudo isso, o amor, a glória, a riqueza, o poder, desejo coisas que minha vontade e meu poder não bastam para outorgar-me, mas que dependem da ordem geral do universo. Portanto é, ao que parece, pura loucura fazer minha felicidade estar sujeita a isso. A não ser que seja particularmente favorecido pela sorte, tenho fortes possibilidades de não obter tudo, de ficar por conseguinte frustrado e infeliz. A sabedoria estaria, pois, em limitar meus desejos ao que depende de mim, ao que estou certo de poder possuir e conservar. É precisamente isso que dizem os pensadores estóicos. Mas que é que depende de mim? Que é que está em meu poder?

O que depende de mim

Meu poder de realizar atos é muito limitado, pelas leis da natureza ou pelas leis jurídicas. Quanto ao meu poder de fazer minhas ações serem bem-sucedidas, ele é quase nulo, já que isso depende do concurso do resto do mundo, ou ainda da sorte. Refletindo bem nisso, não estou absolutamente certo de estar ainda vivo amanhã ou daqui a pouco. Tantas coisas podem acontecer: um motorista barbeiro que me atropela quando estou atravessando a rua, um escapamento de gás, uma bomba que explode, um coágulo de sangue que obstrui uma de minhas artérias e passo desta para melhor, sem que eu tenha nenhum poder de impedi-lo. Mesmo quando eu puder ficar orgulhoso de minha força física, ou de minha autoridade sobre os outros homens, deverei, se quiser ser lúcido, mostrar-me extremamente modesto da fraca extensão de meu poder real.

Em compensação, há uma coisa que só depende de mim, sobre a qual tenho um poder absoluto: é minha vontade. Eu decido sozinho aquilo que quero. Por exemplo, se não quero ir a um lugar, podem me coagir a ir lá pela força, levar-me *manu militari*, mas não me farão querer ir lá. Terão mudado meu corpo de lugar, mas não terão conseguido mudar minha vontade. Certos homens amargaram os mais longos encarceramentos, as piores torturas, mas nada pôde abalar-lhes a vontade. E, quando mudo de opinião, quando me deixo influenciar, convencer ou seduzir, ainda é porque eu o quero. Descubro, com esta reflexão, que possuo, como todos os homens, uma vontade absolutamente livre, ou ainda um livre-arbítrio, como dizem os filósofos. Portanto, disponho de um campo de poder e de liberdade, que é totalmente interior a mim mesmo.

O segredo da felicidade

A partir dessa constatação, posso raciocinar da seguinte forma:
– está certo, não tenho o poder de fazer tudo o que quero;
– mas posso escolher livremente o que quero;
– logo, posso não querer fazer o que posso fazer, ou o que estou fazendo (noutras palavras, posso limitar minha vontade ao meu poder);
– por conseguinte, faço exatamente o que quero;
– logo, de acordo com a definição, sou livre, plenamente.

A liberdade interior de minha vontade assegura, se a uso bem, a liberdade exterior de todo o meu ser.

Posso raciocinar da mesma maneira a respeito do que eu possuo:
– não tenho, aparentemente, tudo o que quero, e fico infeliz por isso;

– mas posso querer apenas o que tenho;
– por conseguinte, tenho tudo o que quero;
– logo, sou feliz.
Eis, portanto, o segredo da felicidade e da liberdade. Ele reside em pouca coisa: saber usar bem minha vontade, querer apenas o que eu tenho e o que me acontece. Noutras palavras, não desejar o que excede meu poder. Dizer que esse segredo é tão simples e que tantos homens passam por perto!

A exaltação da vontade e o erro dos orientais

Constatamos também que não é uma extinção da vontade individual que leva à felicidade, como pensam os budistas e quase todos os orientais, mas, ao contrário, uma apoteose da vontade. Precisamos ter uma grande força de vontade para querer apenas o que convém. Não se deve matar a vontade individual, como um princípio de mal e de sofrimento; deve-se, ao contrário, exaltá-la, fortalecê-la, para dominar-se perfeitamente. O domínio de si não passa por uma extinção de si, por uma renúncia ao ser, mas por uma exaltação da força moral pessoal. O erro dos orientais é confundir duas coisas diferentes, o desejo e a vontade. Mais exatamente, eles não discernem, no que apreendem como desejos irracionais, a entidade original que é a vontade racional. Não percebem, pois, o que faz a verdadeira identidade e a verdadeira grandeza do homem. Eles o rebaixam à categoria de um puro ser de desejo: o animal. É por isso que não vêem objeção em supor que uma mesma alma possa encarnar-se indiferentemente num corpo de homem ou de animal, ao sabor das metempsicoses. Os pensadores gregos, entre eles os estóicos, identificaram claramente o princípio da humanidade do homem: a posse de uma vontade racional e livre.

O domínio do pensamento

Por conseguinte, minha felicidade depende unicamente da direção que darei à minha vontade e às minhas idéias, às minhas representações das coisas, que estão essencialmente em poder de minha vontade. É o que nos diz Epicteto:

> *Lembra-te que não é nem aquele que te diz injúrias, nem aquele que te bate, quem te ultraja; mas sim a opinião que tens deles, e que te faz olhá-los como gente por quem és ultrajado. Quando alguém te magoa ou te irrita, saiba que não é aquele homem que te irrita, mas sim tua opinião. Esforça-te portanto, acima de tudo, para não te deixar levar por tua imaginação*[1].

Com efeito, se fico aborrecido com o insulto que um indivíduo me dirige, é porque concedo certo valor à sua estima. Mas se penso que ele não passa de um imbecil, suas palavras já não me atingem. Assim também, se me acontecer um acidente que me deixe inválido, se além disso julgar-me vítima de uma sina injusta e desejar escapar a esse estado, sofrerei com isso. Mas se aceitar meu estado e não desejar nada diferente, não ficarei infeliz. Esse domínio de minha vontade, de meus pensamentos, de meus desejos é uma regra de vida fundamental à qual Epicteto nos exorta:

> *Se alguém entregasse teu corpo à primeira pessoa que viesse, ficarias indignado com isso; mas entregar tu mesmo tua alma ao primeiro que te insulta deixando-o perturbá-la e transtorná-la, não tens vergonha disso?*[2]

---

1. *Manuel*, Pensée 20.
2. *Ibid.*, Pensée 28.

Amar seu destino

Não obstante, como conseguir dominar completamente meus desejos? Minha vontade será sempre potente o bastante? Aí também, uma visão correta das coisas, ou seja, um bom conhecimento metafísico do real, pode ajudar-nos. Os estóicos afirmam que tudo que acontece é necessário. Nada podia acontecer de outra maneira. Isso porque cada acontecimento é o fruto de uma longa série de causas. E a relação da causa com o efeito é necessária: um outro efeito não pode nascer de uma mesma causa, ou de um mesmo conjunto de causas. Não adianta nada, portanto, desejar outra coisa diferente do que advém ou revoltar-se contra o que é, pois tudo é necessário. Limitaríamos a tornar-nos inutilmente infelizes. Esta concepção metafísica correta da necessidade que reina em todas as coisas do mundo contribui para anular meus desejos. "Então, você queria que sua mulher vivesse para sempre, que escapasse às leis da natureza? Mas você está louco!" diz basicamente o sábio estóico ao homem que está chorando a perda da mulher bem amada. "Foi a Natureza que a fez e a deu a você, agora é a Natureza que a toma de você. Ela devia morrer um dia. E não é você, nem seu desejo, que lhe fixa a hora." Esse é o princípio da consolação: admitir o que nos acontece como inelutável, para não mais se afligir. Mas, para os estóicos, a maioria dos homens são como crianças ou loucos, uma vez que desejam incessantemente coisa diferente do que é e tornam-se por si sós infelizes. Epicteto resume tudo isso assim:

> *Não se deve pedir que os acontecimentos ocorram como tu o queres, mas deve-se querê-los como ocorrem: assim tua vida será feliz*[3].

---

3. *Manuel*, Pensée 8.

É o amor ao destino, o *amor fati*, o qual é preciso alcançar para ser sábio. E Descartes repete a sabedoria estóica nesta bela frase: "Cumpre tratar de mudar seus desejos, em vez da ordem do mundo."[4] Dito assim, isto parece de fato mais fácil e mais racional!

A Providência

Os estóicos iam mesmo ainda mais longe nessa reflexão sobre a ordem das coisas. Não se ativeram a essa simples concepção da necessidade absoluta da relação de causa com efeito, idéia que compartilharam com todos os cientistas que fundaram a ciência moderna, chamando-a em seu jargão: "princípio do determinismo". Isso seria apenas uma necessidade cega. Mas os estóicos pensavam que a Natureza é um ser divino e inteligente, que não faz nada em vão. Tudo é feito para alguma coisa, tudo tem um objetivo, tudo é finalizado. Esta idéia, quase panteísta, da Natureza continua a morar na mente humana e até volta a estar muito na moda, ao contrário das concepções puramente mecanicistas da ciência ocidental de há quatro séculos. O objetivo último que a Natureza persegue é evidentemente o Bem. O destino que reina no mundo é portanto bom, é uma Providência. Mas esse Bem é a vida e o Bem do Todo, da própria Natureza, não de cada criatura que a compõe. Cada homem não passa de uma engrenagem do grande mecanismo universal; é por uma louca presunção que cada qual imagina ser o centro do mundo e gostaria de que tudo conspirasse para sua felicidade. Em compensação, essa idéia de que o mundo é dirigido pela Providência, que cada acontecimento concorre a um Bem para o Todo, ainda que a pequena parte que somos não o perceba, essa idéia é muito mais poderosa do que a da sim-

---

4. *Discours de la méthode*, II.

ples necessidade para inclinar nossa vontade a querer o que advém. Tal é precisamente a atitude do sábio que pode assim experimentar a felicidade. Por conseguinte, cada homem deve persuadir-se de que a Providência lhe atribuiu um papel para desempenhar na terra. Não deve desejar mudar de papel ou de condição, mas deve simplesmente empenhar-se por desempenhar corretamente seu papel:

> *Lembra-te disto: desempenhas, numa peça, o papel que o diretor escolheu; um papel curto ou longo, conforme o que ele quis. Ele quer que representes um mendigo? Deves desempenhar esse papel perfeitamente, e da mesma maneira se for um papel de manco, um papel de político ou de simples indivíduo. Pois o trabalho que te cabe é de desempenhar bem o papel que ele te confiou; mas, quanto a escolher esse papel, esse trabalho é de um outro*[5].

Epicteto e Marco Aurélio

De fato, o pensamento estóico, nascido na Grécia três séculos antes de nossa era (com, sucessivamente, Zenão de Cítio, Cleanto e Crisipo), difundiu-se sobretudo no Império Romano, em todas as classes da sociedade. Seus dois representantes mais ilustres, Epicteto (50-130) e Marco Aurélio (121-180) ilustram ambos esse ideal de resignação ao destino pessoal, apesar da dissemelhança exemplar da condição deles. Com efeito, Epicteto era um escravo e Marco Aurélio, o imperador de Roma. Epicteto aceitava perfeitamente sua sorte, enquanto devia sujeitar-se às judiações de um senhor cruel. Este acabou, porém, por libertá-lo. Pode-se compreendê-lo: com o tempo devia ser irritante açoitar um homem sem conseguir alterar-lhe a felicidade, bem como ter um escravo cuja sabe-

---

5. Epicteto, *Manuel*, Pensée 17.

doria tinha tal fama que era celebrada no Império inteiro e que recebia mais visitas e honrarias do que você! Ao menos, ninguém poderá dizer que este filósofo não punha em prática suas teorias. Aliás, Epicteto pensava que se ensina a filosofia antes pelo exemplo da vida do sábio do que pelos grandes discursos. De fato, não escreveu livro algum, e "suas" obras, os *Discursos*, são devidas à pena de um de seus discípulos que anotou ao vivo as respostas que Epicteto dava a seus interlocutores. O mesmo discípulo compilou uma coletânea de pensamentos (um "best of"!), o *Manual*, do qual citei alguns trechos. Quanto a Marco Aurélio, ele era o senhor de um dos maiores impérios da história, o homem mais poderoso do mundo em seu tempo. Mas vocês acham que ele sentia essa situação como uma sinecura? Administrar aquele gigantesco império era uma rude tarefa. Ele tinha de partir continuamente para guerrear nas fronteiras, ameaçadas em todas as partes pelos bárbaros e pelos germanos. Tinha de comandar os homens, sufocar as revoltas dos soldados, viver com suas tropas em acampamentos na lama à beira do Danúbio, ao passo que só amava a poesia e as artes... E, quando voltava a Roma, ainda tinha de solucionar mil problemas, como o dos cristãos turbulentos que não queriam reconhecer a divindade do imperador, e portanto obedecer-lhe, e os quais tinha de mandar prender e lançar aos leões para divertir o povo. Que vida! Marco Aurélio encontrava a força de desempenhar seu papel na meditação filosófica. Redigiu, ao acaso dos momentos de descanso, seus *Pensamentos para mim mesmo* como um diário íntimo e metafísico, encontrando numa meditação sobre a morte e sobre a ordem do mundo um aprofundamento altivo do senso do dever:

> *A duração da vida humana é um ponto; a matéria, um fluxo perpétuo; a sensação, um fenômeno obscuro; a reunião das partes do corpo, uma massa corruptível; a alma, um turbilhão; a sorte, um enigma; a reputação, uma coisa sem juízo. Dizendo-o brevemente, do corpo, tudo é rio que corre; da alma, tudo*

é sonho e fumaça, a vida é uma guerra, uma pausa do viajante; a fama póstuma é o esquecimento. Que é então que pode servir-nos de guia? Uma coisa, e uma só: a filosofia[6].

Portanto, os estóicos pensam que o homem pode experimentar a felicidade sejam quais forem sua condição e seu meio ambiente, simplesmente pelo domínio de sua vontade. "O sábio pode ser feliz mesmo dentro do touro de Fálaris", diziam eles. O touro de Fálaris é um instrumento de tortura muito encantador, uma espécie de grande caldeirão dentro do qual se fechavam os supliciados e embaixo do qual se acendia uma fogueira para cozinhá-los lentamente. Pretender ser feliz nessas condições, há nisso certo exagero! Mas não nos faltam testemunhos históricos do desprendimento com que sábios estóicos sofriam sevícias, daí o sentido do adjetivo "estóico" em nossos dias.

Crítica do estoicismo

O estoicismo é certamente uma exaltação da vontade humana e não uma destruição do que fundamenta a dignidade humana, como o epicurismo e o budismo. Mas é uma vontade bem estranha a que ele prega: uma vontade que não quer nada, ou pelo menos não quer outra coisa além do que é. Trata-se de uma vontade oca, vazia, ou ainda abstrata, como o diz Hegel. Pois a essência da vontade humana não é almejar ao que não é, opor-se à ordem às vezes ingrata da Natureza? A atitude estóica exclui qualquer luta pela transformação e pela melhoria das coisas, qualquer busca do progresso técnico, em resumo, tudo quanto faz a especificidade e a grandeza do homem. Ela é toda de resignação e acaba mutilando o homem quase tanto quanto o epicurismo e o budis-

---

6. *Pensées*, II, 17.

mo. De novo, renunciar a ser verdadeiramente um homem é um preço que me parece inaceitável pagar, ainda que pela felicidade. Ainda não é, portanto, uma sabedoria satisfatória. Ademais, tampouco é uma sabedoria "eficaz". De fato, os estóicos afirmam que posso dominar meus desejos simplesmente pela minha vontade. Ora, não experimento de maneira nenhuma isso. Sinto em mim, ao contrário, um conflito entre meus desejos e minha vontade. Por exemplo, minha vontade de realizar um trabalho pelo qual me comprometi com uma promessa pode ser combatida por meu desejo de divertir-me ou de preguiçar... É uma experiência que todos vivem quotidianamente. E o desfecho desse confronto parece depender da força relativa dos dois adversários. Às vezes é o desejo que prevalece, e nem sempre a vontade racional. Os estóicos não nos dizem como podemos agir para fortalecer nossa vontade. Parecem pensar que a vontade resoluta é sempre vitoriosa, o que não é o caso. Em suma, ainda que operem melhor do que outros pensadores uma distinção entre os dois, continuam a confundi-los, no sentido de que absorvem demais os desejos na vontade, supondo-os em seu poder. Precisamos, pois, descobrir uma sabedoria que leve melhor em conta a realidade de nosso ser, dividido entre essas duas dimensões.

Por outro lado, essa insuficiência do estoicismo remete a uma dificuldade interna dessa doutrina. Com efeito, ela consiste em pensar que a Natureza é inteira ordenada de modo bom e racional, uma vez que a vontade humana deve aceitar esta ordem. Em conseqüência, as necessidades e desejos dos homens devem ser considerados naturalmente bons. Podemos afirmá-lo no tocante a alguns, já que nos asseguram a sobrevivência e a participação na economia do mundo. Mas como então é possível apontar desejos e paixões como excessivos e maus? Há nisso uma contradição flagrante, uma incapacidade para dar conta do real que é a marca de uma teoria insatisfatória.

O domínio das paixões da alma (segundo Descartes)

Devemos agora tentar elucidar um dos mistérios do ser humano: a dualidade entre o desejo e a vontade. Com efeito, experimento em mim seus freqüentes conflitos: meus desejos se impõem a mim, como se fossem determinados por algo de exterior, e não sou senhor deles; minha vontade não costuma conseguir opor-se a eles e fazê-los desaparecer. Isto basta para tornar ineficaz a bela sabedoria estóica. Como é possível tal divisão em mim mesmo? Não constituirá ela o indício de uma dualidade no interior de meu ser? Ora, num sentido, bem posso observar que sou um ser duplo: sou ao mesmo tempo um corpo e um espírito, ou uma alma, como antigamente diziam mais.

A alma e o corpo

De fato, meu corpo e meus pensamentos não são a mesma coisa; podem aprisionar meu corpo, mas não meu espírito, que fica livre em suas opiniões. Um biólogo pode dissecar-me o corpo, não poderá conhecer assim nada de meus pensamentos; mesmo o mais douto dos neurologistas não pode lê-los nos neurônios de meu cérebro[1]. De outro lado, minha al-

---

1. Embora alguns esperem conseguir fazê-lo um dia e adotem isso como hipótese de trabalho, tal como o neurobiologista Jean-Pierre Changeux, que ex-

ma é minha verdadeira identidade. Verifica-se isso com uma simples experiência de pensamento: suponhamos que meu espírito seja destruído, que apenas meu corpo subsista e continue a levar sua vida como antes, a agir, a falar, talvez pilotado por um computador ou por uma outra criatura; poder-se-á dizer que ainda sou eu que ajo? De modo nenhum. Se meus pensamentos deixam de existir, eu deixo de existir, mesmo que meu corpo subsista. Ao inverso, suponhamos que meu corpo seja destruído, mas que minha alma subsista, com todas as suas idéias, todas as suas lembranças e seus desejos. Será que existo ainda? É claro que sim, a parte essencial de mim está preservada. O essencial de meu ser, minha identidade verdadeira, é portanto meu espírito. E esta última hipótese não é pura fantasia especulativa, como a primeira, que apenas diz respeito à ficção científica. Com efeito, desde a noite dos tempos, quase todas as civilizações humanas supuseram que a alma podia separar-se do corpo.

A morte, separação da alma e do corpo

É precisamente isso que se passaria por ocasião da morte: a alma deixa o corpo e pára de proporcionar-lhe a vida. Mas ela mesma continua sua própria existência, daí em diante puramente espiritual. Esta concepção recentemente recebeu confirmações inesperadas, na forma de depoimentos referentes a experiências individuais, paradoxalmente tornadas possíveis graças aos progressos da medicina, que permitem trazer de volta à vida pessoas quase mortas. É verdade que esse retorno parece às vezes milagroso, nos casos em que a morte foi clinicamente constatada. Ora, de modo perturbador, esses sobreviventes narram todos praticamente a mesma

---

põe suas opiniões em *L'homme neuronal*, por ora são absolutamente incapazes disso e nada garante a pertinência de seu projeto.

coisa: viram o próprio corpo a distância e os médicos se afobarem à volta dele, como se o espírito deles flutuasse na sala, como se fosse capaz de ver de um modo diferente do que pelos olhos do corpo. Ouviam as conversas dos médicos, mas em compensação não sentiam nenhuma dor corporal. A alma deles vivia portanto separada do corpo, exatamente igual ao que afirma a maior parte das religiões e as filosofias de Platão e de Descartes.

Debate com o materialismo

Evidentemente, tais depoimentos não constituem provas absolutas, pois sempre é possível interpretá-los como sonhos que o cérebro constrói a partir de fiapos de sensações que lhe chegam. E situações semelhantes produziriam sonhos semelhantes. É assim que os neurologistas explicam essas narrativas perturbadoras. As ciências modernas ocidentais são realmente fundadas noutra tradição metafísica, a do materialismo, inaugurada há vinte e quatro séculos por Demócrito e Epicuro, e segundo a qual tudo não passa de matéria, sendo o pensamento apenas uma emanação da matéria, o fruto da atividade eletroquímica do cérebro. Por isso, assim que o cérebro pára de funcionar, o pensamento é destruído. Por ocasião da morte do corpo, todo o nosso ser desaparece irremediavelmente. Faz uns quatro séculos que essas concepções materialistas e mecanicistas vêm obtendo imensos sucessos no conhecimento e no domínio da natureza material e mesmo da vida. Neurobiologistas e psiquiatras tentam agora aplicá-las ao conhecimento do pensamento, o que é muito mais árduo e ainda não deu frutos, pois é uma ciência ainda balbuciante. A história dirá se tais hipóteses de trabalho são fecundas para penetrar nos segredos do espírito. A reflexão filosófica talvez pudesse igualmente ajudar-nos a dirimir esse debate, mas resolver esse problema, por certo fundamental, não é absolutamente necessário para nosso projeto presente.

Procuramos de fato se a origem da dualidade do desejo e da vontade não reside na dualidade do ser humano, a um só tempo corpo e alma. Ora, se somos materialistas, evitaremos falar de alma, pois esse termo evoca uma entidade subsistente, e diremos "psiquismo", mas distinguiremos bem o corpo e o pensamento. Com efeito, ainda que se postule que o pensamento é produzido pela matéria, pela atividade do cérebro, não se deve confundir os dois: uma idéia, uma consciência é mesmo algo totalmente diferente de um cérebro ou de correntes elétricas nos neurônios.

Os mecanismos da percepção

Estando feita essa importante distinção, posso ver mais claro em mim mesmo: uma vontade é realmente um ato de meu espírito, ao passo que um desejo parece ser-lhe imposto, como se viesse do exterior. Com efeito, um desejo apodera-se de minha alma independentemente de minha vontade. Ora, o que é exterior ao espírito, mas que não pára de atuar sobre ele, é precisamente o corpo. Portanto, meus desejos proviriam da influência de meu corpo sobre meu espírito, sendo por isso que não dependem de minha vontade e lhe resistem! Tal é precisamente a teoria sustentada pelo filósofo Descartes. Uma vez que ele analisou e desenvolveu particularmente essa idéia em suas *Meditações metafísicas*, e sobretudo em seu tratado *Les passions de l'âme* (*As paixões da alma*), poderemos segui-lo, verificando evidentemente a pertinência de suas afirmações e assim avançar muito mais facilmente na reflexão. Como a língua do século XVII designa pelo termo genérico "paixão" tudo aquilo a que chamamos "emoções" (alegria, tristeza etc.) e "desejos" (ou ódios e também os desejos exacerbados e violentos, até mesmo hegemônicos, que são as paixões no sentido moderno do termo), Descartes observa que há como que um gênio da língua, que nomeia com toda razão como "paixão" tudo isso em que a alma é passiva. Mas cumpre precisar que há dois outros casos em que a alma se sujeita passivamente às ações do corpo sobre ela: de um lado, quando da *sensação* de uma dor ou de uma satisfação interna do corpo, do outro, quando da *percepção* de um objeto. O objeto exerce uma ação sobre meus órgãos dos sentidos (a pele, os ouvidos, os olhos, o nariz etc.) e lhes introduz uma modificação que é transmitida por meus nervos até meu cérebro, que influi conseqüentemente sobre meu espírito, no qual essa modificação se torna uma sensação, até mesmo uma percepção de objeto. E é preciso mesmo tomar cuidado para não afundar em confusões intelectuais: a sensação, por exemplo de calor ou de visão da cor verde, não existe como tal em meus órgãos dos sentidos, nem nos meus nervos ou no meu cérebro, mas somente no meu espírito (ou minha mente, minha consciência, meu psiquismo, minha alma; esses são de fato termos quase sinônimos já que designam a mesma realidade). O que corresponde a essa sensação em meu corpo, em meus nervos, são modificações, movimentos específicos, que constituem como que uma codificação material dessa sensação espiritual (assim como a imagem e o som televisionados podem ser codificados para ser veiculados por ondas hertzianas, por uma fita magnética ou por um disco).

O neurobiologista nada muda nessas explicações de Descartes. O único ponto de divergência deles, além do estatuto e da origem do espírito, diz respeito à natureza da codificação neurocerebral. Como na época de Descartes ainda não se conhecia a eletricidade, este supusera que movimentos locais, impulsos, ondas circulavam ao longo dos nervos, esticados como cordões de campainha. O biólogo sabe, desde Alessandro Volta, o que são correntes elétricas. Não obstante, uma corrente elétrica nada mais é senão um movimento de elétrons, em geral de natureza ondulatória. Ademais, embora o estudo preciso daquilo que se transmite e da codificação, que os neurobiologistas ainda estão somente operando, seja importante para o técnico ou para o médico que querem intervir no organismo para modificá-lo ou tratá-lo, o princípio de explicação enunciado por Descartes continua a ser exato hoje, e é esse princípio, e não os detalhes materiais, o único que importa ao homem que quer compreender a estranha união entre uma alma e um corpo que compõe seu ser.

As paixões e sua origem corporal

Voltemos à nossa preocupação inicial: há três tipos de ações do corpo sobre a alma. Nas duas primeiras, a sensação e a percepção, tenho consciência de que meu espírito sofre uma influência exterior a ele: a de meu corpo ou do objeto percebido. Mas, paradoxalmente, é isso de que não tenho consciência que a língua do século XVII chama de "paixões". Tenho de fato a impressão de que o desejo vem apenas de meu espírito e é uma ação dele, da mesma forma que uma vontade. Ora, trata-se de uma ilusão, e à simples reflexão sobre o fato de que meus desejos se opõem à minha vontade, e parecem portanto como que impostos do exterior, basta para sugerir-me a idéia do papel determinante do corpo em meus desejos. Isto fica bastante evidente quando se trata de desejos que se originam em necessidades biológicas: uma carência objetiva no corpo provoca por exemplo o sentimento subjetivo da fome e o desejo de comer. Podemos interpretar da mesma maneira o desejo sexual como correspondente a um projeto objetivo do corpo, o de reproduzir-se. Mas, como estender essas explicações a todas as nossas emoções, como faz Descartes? Ele observa que às vezes somos sujeitos a alegrias ou tristezas sem causa conhecida, quando nenhuma boa ou má notícia pode vir explicar nosso humor. Descartes vê nisso o sinal da influência despercebida do corpo e arrisca esta explicação: quando as artérias estão dilatadas e o sangue circula bem, ficamos eufóricos; em compensação, quando as artérias estão estreitadas e o sangue circula mal, ficamos tristes sem saber por quê. A biologia moderna, conhecendo melhor a química de nossa organismo, evidentemente identificou causas corporais menos fantasistas e duvidosas que as de nosso genial Descartes, mas só seguiu e confirmou seu princípio de explicação[2]. E é também por isso que uma bela manhã ensolarada nos deixa de bom humor: primeiro pelo efeito que tem sobre nosso corpo e, a partir daí, pela repercussão desse efeito sob forma de sentimento em nosso espírito.

A paixão de medo

Descartes explica da mesma maneira emoções mais complexas, como a de medo diante de um perigo, por exemplo, diante de um animal feroz. Aqui, temos de recusar uma teoria que nossa mente nos sugeriria muito espontaneamente e que poderíamos qualificar de intelectualista. Ela consistiria em pensar que temos medo diante de um leão porque nosso espírito o percebe e o julga perigoso. Ora, uma interpretação assim não permite compreender por que uma visão dessas desperta dois sentimentos opostos em nosso espírito: de um lado o medo e o desejo de fugir, por certo, mas também de outro lado a vontade de enfrentar e de combater, seja para não nos desonrar aos olhos dos outros, seja porque julgamos que garantiremos melhor nossa sobrevivência assim. A concepção dualista de Descartes permite, por sua vez, explicar esse conflito em nosso espírito: a vontade de combater provém de um juízo intelectual, mas não o medo, que é devido à influência de nosso corpo sobre a nossa alma.

---

2. Cf. Jean-Didier Vincent, *Biologie des passions*, Odile Jacob.

O ato reflexo

Para compreender bem essa influência, cumpre lembrar que nosso corpo não é uma coisa puramente passiva, inteiramente submetida às ordens da consciência. O corpo vivo é uma máquina, diz Descartes. É mesmo a mais fabulosa de todas as que existem. O corpo é, mais exatamente, composto de um conjunto de mecanismos. Vê-se isso de modo todo especial nos atos reflexos, que se fazem sem o concurso da consciência. Por exemplo, se coloco minha mão numa chapa quente, vou retirá-la prontamente, antes mesmo de ter tomado consciência do que se passa. Assim também, se um cavalo ou um caminhão vem correndo para cima de mim, meu corpo vai dar um pulo para afastar-se da trajetória do bólido, sem esperar uma ordem da minha consciência. O corpo comporta, pois, todo um conjunto de respostas a situações, que são programadas no plano de nosso cérebro. Isto implica que nosso cérebro analise os dados codificados enviados pelos sentidos *através* dos nervos e, se eles correspondem a situações de perigo urgente repertoriadas, organiza uma resposta muscular adequada pré-programada, sem esperar as deliberações da consciência.

Descartes se esforça para explicar esses processos de tratamento da informação com os conhecimentos técnicos de seu tempo, em termos de marcas gravadas e de circuitos hidráulicos, explicações de pormenores evidentemente tornadas obsoletas por nossos conhecimentos modernos. Mas o princípio de explicação continua mais uma vez o mesmo. Assim que a situação é menos urgente, ou mais complexa, o cérebro se contenta em transmitir as informações ao espírito e em executar sua decisão como resposta. Mas não transmite somente dados sensoriais à consciência. Exerce também uma influência emocional sobre ela. Assim, diante de uma situação que ele, segundo seus critérios relativamente simplistas e ancestrais, julga perigosa, suscita em nós um sentimento de medo, mesmo quando nossa razão nos diz que não corremos nenhum perigo real: por exemplo, diante de um precipício, ou de uma fera domesticada, ou de um filme de terror; sentimos medo, mesmo quando nossa razão nos diz que é ridículo e nossa vontade se opõe a isso.

Função natural das paixões

E por que é assim? É, diz Descartes, uma instituição da Natureza, em sua grande sabedoria[3]. Há uma função natural das paixões, que é "incitar a alma a querer aquilo para que o corpo se prepara". Para compreender isso, suponhamos um instante que sejamos desprovidos de *sensações* tais como o prazer ou a dor e que o corpo só transmita a nossa alma informações objetivas; se ponho a mão no fogo, não sentirei então nenhuma dor, mas pensarei: "fenômeno interessante, temperatura de 450 graus que acarreta uma combustão dos tecidos etc.". E serei capaz de deixar minha mão destruir-se assim, desde que tenha algum motivo para tanto, como o de bancar o interessante perante os outros... Ao passo que a existência das sensações, como a dor, que costumamos maldizer quando sofremos, revela-se muito útil para que minha alma cuide de meu corpo. "Não estamos em nosso corpo como um piloto em seu navio", diz muito bem Descartes, o que significa que não mantemos com ele relações puramente intelectuais, como um marinheiro que notaria sem se emocionar nem sofrer um buraco no casco de seu barco, mas rela-

---

[3]. De onde vêm esses mecanismos vitais? As respostas divergem. Descartes vê neles as criações inteligentes de um Deus engenheiro, ao passo que Darwin, seguido por todo o pensamento materialista moderno, tenta explicar as invenções da vida mediante processos puramente mecânicos, cegos, desprovidos de inteligência e de finalidade, os da evolução e da seleção natural. Bergson recusa esses dois esquemas explicativos e propõe outro, vitalista. Mas esse debate metafísico é assunto para outro livro.

ções sensoriais, afetivas: meu espírito sente dor quando meu corpo é lesado ou ferido. A justificação das paixões é a mesma que a das sensações. Se não sentisse nenhum medo em face do perigo, eu me arriscaria a só ouvir meu desejo de impressionar os outros e de me arrojar nele de cabeça abaixada, mesmo quando meu corpo, seguindo seus instintos mais sensatos, se preparasse para a fuga. É por isso que ele produz emoções em minha alma, a fim de permitir que a vontade livre coopere com os mecanismos do corpo, com o intuito de assegurar a sobrevivência do composto alma-corpo. É por isso que as paixões são "quase todas boas", diz Descartes, pois são naturalmente úteis.

As paixões más: a cólera

Não obstante, casos há em que as paixões, os desejos nem sempre são bons. Às vezes levam aos dissabores e causam nossa infelicidade. Resumamos a situação com outro exemplo. Quando estou encostado no balcão de um bar, alguém se aproxima de minhas costas e me dá um violento encontrão. Na mesma hora, meu corpo se prepara para enfrentar a agressão e para combater. Meu ritmo cardíaco acelera-se, o sangue circula mais forte em minhas veias, meus músculos ficam tensos, as funções digestivas são suspensas, meu corpo insensibiliza-se à dor. Tudo isto é regido pela produção e pela liberação de certas substâncias químicas em meu corpo, como a adrenalina. Ao mesmo tempo, isso provoca a subida da cólera ao meu espírito, a fim de que minha consciência coopere com a tarefa de defesa para a qual se prepara o corpo. Tenho vontade de bater no agressor, apesar de ele ter resmungado desculpas e de minha inteligência poder supor que talvez ele tenha esbarrado em mim acidentalmente, sem intenção hostil para comigo. Ela também poderia fazer-me considerar que é bem inútil quebrar tudo e arriscar-me a mandar alguém para o hospital por tão pouca coisa ou arriscar-me a eu mesmo ir parar lá. Mas tais raciocínios só se apresentarão claramente à minha mente mais tarde, na hora do remorso. Por ora, são sufocados pela cólera que me invade e deseja lavar a afronta na violência. Em tais situações, vemos que somos de certo modo vítimas de nosso corpo.

Desregramentos passionais

E muitas pessoas o são de forma muito mais permanente e radical. Qualquer pessoa um pouco vivida pôde observar como os seres podem comportar-se de maneira irracional e prejudicial a si mesmos. Quantos lamentam posteriormente não ter sabido conter uma irritação ou uma cólera que os fez dizer ou cometer coisas deploráveis? Quantos passam a vida toda sofrendo por um acontecimento passado, dano sofrido ou felicidade perdida, em vez de abrir-se para um bem-estar presente ou preparar uma felicidade futura? Quantos estragam irremediavelmente sua vida de casal e a transformam em verdadeiro inferno, quando poderiam usufruir um amor compartilhado, por incapacidade para refrear a agressividade, e acabrunham o cônjuge de queixas, de recriminações, de discussões etc.? O filósofo Alain[4], em seus *Propos sur le bonheur*, evoca o caso daquela "Marie triste, Marie alegre", estudada por psicólogos, que corrobora às mil maravilhas a teoria dualista de Descartes e lança uma luz singular sobre nossa condição humana.

---

4. Alain, pseudônimo de Émile-Auguste Chartier, é um dos raros grandes filósofos que não concebeu sistema original. Preferiu recorrer aos predecessores, de modo especial a Descartes e a Hegel, cujas idéias ele aplicava aos problemas da vida corrente, notadamente em seus *Propos*, curtos artigos de jornais diários, depois reunidos em livros segundo seus temas.

Aquela moça era alegre uma semana e triste a outra, com a regularidade de um relógio. Quando estava alegre, tudo andava bem; gostava tanto da chuva como do sol; as menores demonstrações de amizade a deixavam enlevada [...]. Nunca se aborrecia; seus menores pensamentos tinham uma cor alegre [...].

Mas, depois de uma semana, tudo mudava de tom. Caía num langor desesperançado; nada mais lhe interessava; seu olhar murchava todas as coisas. Já não acreditava na felicidade; já não acreditava na afeição. Nunca ninguém a havia amado; e as pessoas tinham mesmo razão; ela se julgava tola e chata; agravava o mal pensando nele; ela o sabia; matava-se aos poucos, com uma espécie de horrível método. Dizia: "Vocês querem fazer-me acreditar que se interessam por mim; mas não me engano com suas histórias." Um cumprimento era para caçoar; um favor, para humilhá-la. Um segredo era uma conspiração tenebrosa.

Lógica da depressão

Estado maníaco depressivo ciclotímico com paranóia, notadamente delírio de perseguição, diagnosticará o psicólogo. Mas, sem atingir esse caso exemplar, quantas existências humanas são submetidas a semelhantes humores, de maior ou menor variação ou constância? Todavia, o mais perturbador é a explicação desse fenômeno: o médico "chegou a contar os glóbulos do sangue por centímetro cúbico. E a lei ficou manifesta. Lá pelo fim de um período de alegria, os glóbulos se rarefaziam; lá pelo fim de um período de tristeza, recomeçavam a abundar. Pobreza e riqueza do sangue, essa era a causa de toda aquela fantasmagoria de imaginação". Alain raciocina aqui como dualista cartesiano (ou como materialista): as variações do sangue são identificadas como sendo a causa, e não a conseqüência, das variações de humor. Mas isto nos permite apreender a lógica do depressivo.

Este em geral explica suas razões de estar sempre infeliz, e até de não mais querer viver: ocorreu-lhe esta ou aquela infelicidade, e o mundo é horroroso em seu conjunto. O problema é que outros viveram as mesmas coisas e nem por isso ficaram tristes para sempre. Portanto não é por esses motivos que é depressivo, mas é porque é depressivo que esses motivos o acabrunham.

O psicológico e o somático. Conflito e reconciliação

Aqui, confrontam-se duas explicações da depressão nervosa. Os psicólogos, e de modo muito especial os psicanalistas, optam por uma teoria num sentido espiritualista: pensam que a causa dela é um traumatismo mais antigo e fundamental do que os invocados pelo paciente e que ele recalcou no inconsciente. Por conseguinte é preciso tratá-lo mediante a palavra, mediante um tratamento analítico, que neutraliza esse traumatismo patogênico trazendo-o de volta à consciência. Os neurologistas e os psiquiatras raciocinam por sua vez como materialistas, mas também em conformidade com o dualismo cartesiano: a causa dessa melancolia profunda é uma desordem corporal e cerebral, que deve ser corrigida com substâncias químicas, medicamentos antidepressivos. Por muito tempo reinou uma guerra aberta entre esses dois sistemas de pensamento, entre essas duas maneiras de interpretar e de tratar as depressões nervosas. O dualismo cartesiano pode emitir uma hipótese que permite reconciliar os dois campos: mesmo que a primeira causa da doença seja um traumatismo psíquico, ele só é perturbador porque atua primeiro sobre o corpo, no qual cria uma desordem que, num segundo tempo, e às vezes muito mais tarde, vai produzir como resposta uma alteração da mente. Compreende-se então que seja preciso, para tratar de uma depressão, atuar ao mesmo tempo sobre o corpo e sobre a mente, e evidentemente primeiro sobre o corpo, com medicamentos, porque é mais fácil e rapidamente eficaz, e depois sobre a mente, para eliminar a causa profunda e evitar as recaídas. É bem essa a atitude que começam a adotar certos psicoterapeutas, que recusam encerrar-se em guerras sectárias. Vemos que o dualismo cartesiano fornece a base teórica para conceber uma medicina psicossomática mais sutil, que não se atém a considerar somente uma influência corpo → mente, como os psiquiatras, ou uma influência mente → corpo, como os psicanalistas, chegando os mais radicais a pretender que todas as nossas doenças somáticas são de origem psíquica, mas que pensa uma verdadeira interação: mente → corpo → mente.

O domínio das paixões e a ciência total

Temos, pois, de conseguir dominar nossas paixões, pois que elas algumas vezes provocam nossa infelicidade. O pensamento dualista identifica o corpo como a origem das paixões e permite assim pensar num tratamento químico das paixões. Mesmo que isso pareça ofender um pouco a dignidade e a liberdade do ser humano, é no entanto isso que convém fazer nos casos mais graves, como a depressão nervosa, quando a vida mesma do indivíduo se acha em perigo. Descartes só podia entrever uma possibilidade dessas ao termo de sua pesquisa que visava a elaborar uma ciência total, que tornaria o homem "como que senhor e possuidor da Natureza", inclusive de sua própria vida. Com efeito, Descartes, no início do século XVII, ao mesmo tempo que Galileu, desenvolve uma nova forma de pensar, uma nova filosofia, contra a de Aristóteles, que permite afinal fazer as ciências entrarem no caminho da verdade certa. É com Descartes e Galileu que nascem as ciências modernas, todas elas repudiando os conhecimentos dos antigos como tateamentos cheios de erros e de confusões, ao passo que as leis do movimento dos corpos de Galileu ou as leis de óptica de Descartes ainda continuam aceitas hoje. Esse projeto de ciência total, Descartes, inebriado com suas primeiras descobertas, achara no início poder realizá-lo inteiramente em sua própria vida, com a ajuda de assistentes. Pensara que seria preciso elaborar prioritariamente uma biologia, portanto uma medicina, que lhe permitisse prolongar sua vida até cerca de quinhentos anos, o que lhe daria tempo de trabalhar para acabar todas as outras ciências. Vemos que esse projeto, propriamente prometéico, de dominação total da Natureza, de vitória contra as doenças, de prolongamento da vida, formulado por Descartes com uma audácia visionária que poderia fazer-nos sorrir hoje de tanto que se parece com a de um louco delirante, é de fato a ambição que há quatro séculos anima o nosso mundo moderno e que ele realiza coletiva e progressivamente. Descartes acabara por reconhecer que as coisas não eram tão simples nem tão fáceis e que ele não podia continuar a fazer a nossa felicidade depender da capacidade de dobrar totalmente a Natureza a seus desejos. Ocorre o mesmo conosco. Certos medicamentos podem ajudar-nos nos períodos difíceis, mas fazer depender deles o nosso bem-estar introduz depressa uma servidão alienante. Ademais, essas substâncias químicas e essas drogas costumam ter efeitos secundários nefastos, até mesmo devastadores, que destroem até nossa liberdade e nossa identidade.

Julgar bem para proceder bem

Portanto, eu preciso encontrar uma outra via que não técnica e química para dominar minhas paixões, meus desejos, minhas emoções e, assim, assegurar minha felicidade. O problema é que, quando uma paixão me submerge, como na cólera, não só ela é mais forte que minha vontade de resistir-lhe, apesar de todos os meus raciocínios, mas também cega-me o espírito, torce minha razão e minha vontade em seu proveito. Começo então a justificar minha conduta passional com todos os talentos de minha mente, no entanto deformada e desnorteada. Só recobro a totalidade de minhas faculdades de pensar depois que a paixão desvaneceu, quando é apenas tempo do remorso.

Portanto, de início é minha razão que preciso endurecer, que preciso armar de princípios que ela possa objetar à cegueira passional. Para evitar sucumbir às paixões, é preciso, diz Descartes, opor-lhe juízos firmes e determinados sobre o que convém fazer ou não fazer, ou seja, sobre o que é bem ou mal. Isto não eliminará a paixão, mas pelo menos me impedirá de deixar-me dirigir por ela. Por exemplo, se sou tomado pela cólera e tenho gana de bater, devo pensar que não se deve usar de violência, sobretudo para com um ser mais fraco. Se sou tomado pelo medo antes de um duelo, devo pensar que não posso desonrar-me mostrando-me covarde. Se não formulei antes juízos tão precisos, posso ao menos ter como regra geral de conduta não ceder à paixão, não me deixar determinar por ela, ou seja, suspender meus atos, temporizar, esperar que a ebulição do sangue caia, porquanto são tais alterações corporais que causam as paixões em minha alma. Essa desordem corporal dura apenas um tempo limitado; submetida às leis da mecânica do vivente, ela se acalma depressa e, portanto, também a paixão. Por conseguinte, basta-me conter-me e não agir até o momento em que o desvanecimento da paixão me restitua meu senso do juízo e minha liberdade verdadeira.

A experiência pessoal

Cumpre portanto, para proceder bem, começar por julgar bem. Deve-se adquirir uma regra geral de conduta, uma máxima, a de nunca se deixar exaltar. Como posso consegui-lo? Por certo a leitura e sobretudo a meditação sobre as considerações dos filósofos sobre o que são o verdadeiro bem e a verdadeira liberdade podem ajudar-me. Mas depende sobretudo de experiência pessoal. São principalmente a vida, os erros que todo jovem comete que devem instruir-me sobre isso, ensinar-me a desconfiar das paixões e proporcionar-me essas regras de conduta. E cada qual sabe que a experiência dos velhos não pode transmitir-se diretamente aos jovens, que estes devem cometer por sua vez as mesmas tolices, cair nas mesmas ilusões. Ninguém pode viver a vida no lugar de outro. Isto não quer dizer que as admoestações dos antigos e os discursos filosóficos sejam inúteis, simplesmente a eficácia deles não é imediata. São como sementes que necessitam do terreno da experiência pessoal para dar frutos; de fato permitirão a tomada de consciência, sem a qual as provas por que se passou poderiam ir dar numa incompreensão muda e estéril.

Indulgência para com o crime passional

Essa teoria cartesiana da origem, de certo modo externa ao espírito, das paixões explica muito bem por que os tribunais, pelo menos os franceses, são tão indulgentes com os crimes passionais, ou seja, cometidos sob o impacto da emoção, sob o domínio da paixão. Em compensação, prevalece uma exemplar severidade no tocante aos crimes cometidos "a sangue-frio", ou seja, com premeditação, segundo um plano preestabelecido com calma (essa expressão popular parece bem refletir a fisiologia cartesiana, a não ser que emane dela, uma vez que esse "sangue-frio" se opõe ao "sangue quente", "em ebulição", que está na origem das paixões coléricas segundo Descartes). A razão disso é que o tempo de premeditação é também um tempo de reflexão em que meu espírito indica-me as conseqüências e o valor moral de meu ato, enquanto a paixão cega-me e impede essa reflexão. É por isso, por exemplo, que o homem que, surpreendendo na cama a mulher com o amante, pega seu fuzil e os mata atirando na hora terá grandes possibilidades de ser absolvido, ao passo que, se não reage de imediato, mas organiza cuidadosamente sua vingança, arrisca-se a ser punido com vinte ou trinta anos de prisão, pelo "mesmo" assassinato. Podemos perguntar-nos, aliás, se a filosofia de Descartes reflete perfeitamente sobre esse ponto o pensamento do povo, pelo menos francês, ou se, ao contrário, ele foi modelado por ela, tão grande é a penetração e a força formadora do pensamento cartesiano.

Eliminar as paixões

Graças a um pensamento claro e firme sobre o que é certo, sobre o que convém fazer, minha vontade adquire então a força que me permite resistir às paixões. Não obstante, não paro de experimentar paixões, de ter medo ou de ficar irado. Só posso conter-me de agir sob sua influência o mais das vezes contentando-me em temporizar, abstendo-me de qualquer ação. Mas isso só pode ser um mal menor, e às vezes a situação exige uma ação precisa e rápida. Certamente, posso também criar para mim regras positivas, prescrevendo-me certos atos em certas situações previstas de antemão, mas o melhor, para minha eficácia e meu bem-estar, seria fazer que desaparecessem certas paixões nefastas, como os medos, as angústias, as mágoas, as iras etc. Como será possível não só dominar nossos atos, mas ainda nossas paixões, a ponto de aniquilar algumas delas?

Acontece que é uma instituição da Natureza que faz corresponder a tal alteração corporal e cerebral tal paixão na alma. Ora, essa ligação pode ser modificada. Descartes dá alguns exemplos. Comumente, a visão e o cheiro de uma bela carne me dão apetite, suscitam um desejo em minha alma.

Mas, se porventura venho a comer uma vez uma carne estragada, depois a visão ou o cheiro de todas as carnes provocarão em mim nojo, ao menos por certo tempo. Essa é uma modificação brutal de uma influência do corpo sobre a alma. Os mesmos estímulos produzem um efeito diametralmente oposto, ao fim de uma experiência desagradável.

O exemplo do adestramento e da linguagem

Outro caso instrutivo é o do adestramento de um cão, que inverte todos os mecanismos naturais. De acordo com seu instinto, um cão que ouve um barulho violento, como um tiro de revólver, desata a correr, apavorado. Quando vê uma lebre correr, ele a persegue e, quando a lebre jaz ferida, carrega-a para um lugar tranqüilo para fazer seu festim. Ora, consegue-se adestrar um cão de modo que ele fique à espreita quando percebe a caça, que não fuja aterrorizado ao primeiro tiro de fuzil e, mais extraordinário e antinatural, que traga docilmente a presa ensangüentada ao dono em vez de devorá-la imediatamente! No caso de um animal, o adestramento modifica os mecanismos do sistema nervoso, as relações entre os estímulos e as respostas, e não sua alma, pois Descartes pensa que o animal age por puros mecanismos corporais e não pelas decisões de uma alma, que tudo nele se passa como se fosse desprovido dela e, portanto, também de emoções e de paixões, bem como de sensações, na face espiritual delas. Tese do animal-máquina, eminentemente discutível e que foi realmente contestada, o que levou Descartes a precisar bem que ele não podia afirmar que os animais eram somente corpos sem alma, pois não podia saber se Deus não tivera a fantasia de dotá-los de alma, mas que estava em condições de sustentar que os animais se comportam *como se* fossem apenas puros mecanismos e que todas as suas ações podiam ser reproduzidas por máquinas. Esse é o ideal secreto dos pesquisadores em robótica e em inteligência artificial, que tentam mesmo reduzir o homem ao que Descartes reduzia o animal, uma soma de mecanismos tecnicamente reproduzíveis.

O último exemplo de Descartes se refere à linguagem, uma invenção humana que consiste em estabelecer convenções que associam a certos conjuntos de sons, as palavras, uma significação. Mal nosso cérebro registra essas vibrações sonoras e as transmite à mente, onde elas se tornam sensações auditivas, imediatamente as idéias se despertam na alma. Um estímulo físico preciso pode produzir as idéias que os homens decidem voluntariamente instaurar. Mas essa imediatez aparente é apenas o fruto do hábito, adquirido ao longo de todo o aprendizado da língua. Por que então eu não poderia modificar certas influências de meu corpo sobre minha alma e fazer com que elas não provoquem paixões – ou então modificar os mecanismos cerebrais, não mediante drogas, mas mediante vontade e exercício? Essa esperança pode tornar-se realidade. Noutras palavras, o homem, diferentemente do animal, pode adestrar-se a si mesmo, porque possui uma inteligência e uma vontade.

O hábito contra as paixões

De fato, podemos habituarmo-nos ao perigo até fazer o medo desaparecer, desde que, evidentemente, recusemos sucumbir a ele de imediato. É isso que o soldado faz na guerra. Quando chega à frente de batalha, fica a princípio aterrorizado; o pavor o pega pelas entranhas; se sucumbe, foge e deserta, isso se torna inevitável. Mas ele também pode enfrentar, não fugir e avançar para o combate apesar do medo. Domina num primeiro tempo seu terror, embora continue a sentir essa paixão. Mas, com o tempo, habitua-se a seu meio ambiente; e logo as balas que assobiam ao seu redor, as bombas que explodem, os corpos de seus colegas repentinamente retalhados não lhe causam emoção nenhuma e ele é capaz de comer com bom apetite, de brincar com humor alegre no meio de tudo, como se estivesse muito à vontade. Assim também podemos habituar-nos ao desconforto até sentir menos a dor, portanto ficar "menos mole" e até fazer desaparecer o desejo de bem-estar. De modo análogo, a prática das artes marciais, o hábito do combate proporcionam igualmente um domínio das emoções, evitam que sucumbamos à cólera, não nos exaltemos e não percamos o controle dos nossos golpes, como faz um novato.

Vemos portanto que julgar bem, e portanto recusar sucumbir às paixões, e depois, num segundo tempo, adquirir bons hábitos acaba diminuindo, até fazendo desaparecer as paixões. Esse resultado não é obtido instantaneamente, com um simples ato de vontade, como às vezes pareciam supor os estóicos, mas necessita da mediação do costume e do exercício.

A felicidade e as emoções interiores da alma

Portanto, posso conseguir dominar minhas paixões, à força de vontade e de treinamento. Mas que acontece porém à minha felicidade? Por certo evito assim entregar-me a atos nefastos que teriam conseqüências desagradáveis e depois me fariam sentir remorsos. Posso da mesma forma eliminar em mim humores sombrios, pesares, amargores, angústias, que envenenam correntemente as existências, forçando-me a ter idéias otimistas e a agir de acordo com elas. Mas esses esforços contínuos sobre mim mesmo não me privam da doce satisfação de abandonar-me à propensão de meus desejos ou ao repouso e à tranqüilidade da alma, tão necessário, parece, para experimentar a felicidade? Descartes dá a seguinte resposta:

Nosso bem e nosso mal dependem principalmente das emoções interiores que são excitadas na alma apenas pela própria alma.[5]

Que quer dizer? Descartes faz uma distinção, em sua terminologia própria, entre as paixões e as emoções. Depois de ter afirmado que o essencial de nossos sentimentos e de nossos desejos resulta de paixões de nossa alma causadas pela influência do corpo, ele reconhece nessa fase da análise que existem igualmente sentimentos puramente espirituais, que são provocados na alma apenas pelas idéias que estão na própria alma, sem nenhuma intervenção da mecânica corporal, e que ele denomina pelo termo "emoções". Ora, tais emoções desempenham um papel fundamental em nossa capacidade de experimentar felicidade. Portanto, cumpre apreender-lhe bem a natureza.

Paixões e emoções: o caso do viúvo

O mais das vezes, paixões e emoções coexistem, confundem-se e não são fáceis de distinguir. Mas existem alguns casos em que elas se opõem, o que proporciona a ocasião de pôr em evidência essas famosas emoções. Descartes dá um primeiro exemplo um tanto curioso. Suponham um homem que acaba de perder a mulher, que era uma horrível megera. Ele ficará todo contente de estar livre dela e de recobrar a liberdade. Essa alegria, puramente espiritual, é uma emoção. Mas, durante os funerais, a decoração fúnebre, a igreja recoberta de crepe negro, os amigos vestidos com a mesma cor, o caixão, os coros entoando um réquiem, a prédica lúgubre, tudo isso é percebido por seus sentidos, atua sobre seu cérebro e daí provoca uma paixão na alma, que será invadida de

---

5. Artigo 147 do tratado *Les passions de l'âme*.

tristeza: nosso viúvo verterá quentes lágrimas que não serão fingidas, mesmo que uma secreta alegria coexista no fundo de seu espírito junto com essa aflição[6].

O estranho prazer da tragédia

Essa análise de um caso aparentemente trivial de coexistência no mesmo espírito de sentimentos opostos, que esteia a idéia da dualidade de nosso ser, sugere-nos a explicação do prazer sentido no teatro, que constitui o segundo exemplo de Descartes. Com efeito, o que mais paradoxal do que o prazer que temos na tragédia (ou, hoje, nos filmes de violência, de angústia ou de terror, esses mesmos que enchem as salas)? O espetáculo dos perigos, das infelicidades, das brutalidades amargadas pelos heróis nos enche sucessivamente de medo, de horror, de piedade, de tristeza. Ora, que prazer pode haver em sentir semelhantes emoções? Não haverá aí um incompreensível masoquismo? A distinção cartesiana entre as paixões e as emoções permite muito bem justificar esses fatos estranhos. Os sentimentos precipitados são paixões, suscitadas na alma pela influência do corpo, que percebe tudo que se passa no palco, sem distinguir entre realidade e ficção. Mas nossa alma, por sua vez, tem a inteligência de operar essa distinção. Diante desse espetáculo que nela suscita terror

---

6. Este exemplo esquisito poderia sugerir algumas dúvidas quanto ao sucesso da vida conjugal de René Descartes. Os historiadores nos contam que ele teve uma filha com uma mulher que era sua criada e com quem não se casou. Pode-se supor que isto nada prove contra seu amor, pois um casamento tão desigual devia ser impossível para um fidalgote em sua época. Em compensação, os mesmos historiadores nos contam que Descartes ficou muito desgostoso na morte dessa mulher, bem como na morte da filha. Nosso filósofo não era, pois, um "monstro frio", conheceu o que são o amor, as provações da vida e o desespero, e teve de fazer em si mesmo a experimentação dessa sabedoria que expõe nesse tratado escrito no crepúsculo de sua existência.

por meio dos mecanismos do corpo, ela sabe ao mesmo tempo que não tem nada a temer. Portanto sente-se mais forte que esse medo, que esses acontecimentos, e usufrui deliciosamente esse sentimento de força e de superioridade. Aí está a origem do estranho prazer que sentimos nos espetáculos trágicos.

A generosidade, ou a livre disposição de suas vontades

Assim também, em minha vida, minha felicidade não deve provir de acontecimentos exteriores favoráveis e das paixões prazerosas que eles podem proporcionar-me, mas da alegria toda espiritual que tenho ao superar minhas paixões, ou seja, ao sentir-me dono de minha vontade. O fato "de ter livre disposição de suas vontades", Descartes o chama de generosidade, num sentido do termo hoje perdido e que tem o perfume da Idade Média, quando se qualificava de bravo ou de generoso um homem valente, que "tem coração", como Rodrigo. Ademais, um pouco de reflexão filosófica me ensina, a exemplo dos estóicos, que apenas minhas vontades me pertencem, e não a riqueza, a beleza ou a força do corpo, que são posses aleatórias. Além disso, sei que o que constitui o valor de meu ser não são essas propriedades acidentais, mas unicamente a qualidade de minha vontade, o fato de possuir uma vontade potente, tenaz, da qual tenho a livre disposição, ou seja, que obedeça à minha razão e queira sempre proceder bem. Isso se chama, uma palavra hoje bem fora de moda, a virtude. Embora este termo tenha ressaibos antiquados, a idéia que designa continua sempre atual, aquela do que se poderia chamar um "cara legal", na falta de outra designação. Tal é de fato a qualidade essencial de um herói de filme médio de televisão: um homem que está pronto para arriscar seus bens, e mesmo sua saúde e sua vida, não por uma vantagem pessoal, mas unicamente para defender a viúva e o pequeno órfão, para fazer triunfar a justiça[7].

A felicidade da virtude

Assim também, diz Descartes, se sei que sempre tratei "de bem usá-la" (minha vontade), que quis somente o bem, e não a riqueza e a glória, minha alma tem "com que se contentar em seu interior". Posso ficar orgulhoso de minha generosidade e não me afligirei com o insucesso de minhas empreitadas exteriores, mundanas, com os reveses da fortuna, com lances da sorte, a partir do momento que sei que sempre procedi o melhor possível. Esta satisfação de minha própria virtude dá-me uma alegria pura, uma emoção toda espiritual, que é precisamente o que me proporciona a felicidade. Se possuo a livre disposição de minha vontade, as agressões do mundo e as paixões subseqüentes já não me perturbam, e até aumentam-me a alegria porque me dão a oportunidade de experimentar minha generosidade, minha força, minha perfeição.

---

[7]. Esse tipo de herói é aliás um tanto ambíguo e só poderia constituir um ideal moral primitivo e imperfeito, pela escolha dos meios, os da violência individual, que lisonjeiam ao mesmo tempo instintos de agressividade do público.

IV
ONTOLOGIA DO DESEJO

As análises antecedentes talvez tenham negligenciado outras dimensões do prazer. De fato, nossos raciocínios, cuja direção seguiu logicamente as pegadas de alguns grandes pensadores, apoiaram-se até agora em certos pressupostos: sempre concebemos os desejos como tendo uma origem corporal ou natural, como um dado biológico básico, necessidade, apetite, pulsão, que talvez se desenvolvam sob forma de excessos passionais. Mas esta idéia é limitada e contestável: não são os desejos eminentemente variáveis, conforme as culturas e até conforme as pessoas? Parecem assim ter uma origem muito mais psíquica, e não puramente corporal, como o supõe um pensamento dualista do tipo cartesiano. É isso que invalida um pouco nossas análises anteriores e nos obriga a retomar a questão do valor do desejo, a partir de um novo exame de sua natureza.

A sublimação do desejo (segundo Freud)

Freud, o fundador da psicanálise, pode fornecer-nos informações interessantes sobre a natureza do psiquismo. Evidentemente, tão logo deixamos o campo da estrita reflexão filosófica para nos pormos à escuta das ciências humanas, já não podemos seguir unicamente os procedimentos de nossa própria razão e admitir como verdadeiro somente o que ela nos apresenta com evidência ser tal ao termo de suas deduções, mas devemos doravante ouvir a palavra dos cientistas cujas exposições se fundamentam nas experiências que a maioria dos mortais não pode efetuar. Em suma, devemos *crer* nas ciências (como se crê numa religião, na palavra de um profeta), confiando na boa reputação, na probidade, na autoridade dos cientistas e na concordância entre eles (concordância que, todavia, agora é quase inexistente quando se trata das ciências do homem), enquanto as exposições de um filósofo deixam o nosso espírito como o único juiz da verdade delas. Não obstante, mesmo as informações dadas pelos psicólogos necessitam ser racionalizadas, receber uma forma lógica para poder ser admitidas. Queiram perdoar-nos se nos entregamos a esse pequeno exercício.

Freud afirma que, se excetuamos os desejos de destruição, quase todos os desejos humanos, inclusive os da criança, são de ordem sexual e constituem uma unidade, a libido, que pode investir-se em diferentes objetos, notadamente elevar-se para fins superiores num processo denominado sublimação. Como compreender tais asserções que às vezes parecem contrárias ao simples bom senso?

Os primeiros desejos da criança

É verossímil supor que o primeiro desejo da criança seja o desejo de nutrição, pois é uma necessidade biológica. Mas imediatamente esse apetite é acompanhado de um desejo de prazer sensorial, o da ação de mamar, já que se observa que, mesmo saciada, a criança chupa o dedo. É tal a natureza do homem que uma atividade vital assim se combina com um prazer para realizá-lo, decerto no caso em que o instinto não o inclinasse suficientemente a ele. Talvez essa seja uma das características que distinguem o homem do animal, uma vez que ela vai de par com o fato de ser dirigido não por mecanismos instintivos, mas por sua consciência e, portanto, ser livre. Mas, em vez de entregar-se a tais especulações, Freud qualifica esse desejo infantil de prazer da sucção como um desejo sexual. Conviria mais dizer "desejo de prazer sensorial", e essa expressão de Freud provocou muitas caçoadas, indignações e incompreensões. Mas Freud pensa que esse primeiro desejo obedece à mesma estrutura do futuro desejo sexual adulto, e é de certa forma seu ancestral. Isso porque a reprodução é vital para a espécie, mas o humano em geral só é impelido a ela por um desejo de gozo e de modo algum por um projeto consciente de procriar. A criança, segundo Freud, possui um segundo desejo fundamental, o de fazer suas necessidades ou, mais exatamente, do prazer que sente nisso. Mas vai aparecer um novo desejo, como condição da realização do primeiro (o de nutrição), o desejo da presença da mãe, provavelmente de início concebida como um simples objeto. Pouco a pouco, esse desejo vai enriquecer-se, com a descoberta de que a mãe é uma pessoa, ou seja, que ela sente emoções, em função das quais ela age. Por conseguinte, o desejo da criança vai ser o desejo do amor da mãe, vai tornar-se portanto mais "psicológico", incidir sobre os sentimentos alheios e não mais sobre um prazer ou um objeto para ser possuído.

O processo educativo

O processo educativo pode então engrenar-se, notadamente com o aprendizado do asseio, cujo motor é o receio de provocar a ira da mãe, portanto de perder seu amor. Tal é o princípio da educação, que supõe transformar as ações da criança mediante uma certa repressão de seus desejos. A educação é essencialmente uma coerção, por mais detestada que essa idéia seja atualmente, mas com toda evidência uma coerção orientada pelo amor, pela vontade de construir um indivíduo adulto, responsável, portanto livre, e não uma coerção violenta que destrua a pessoa.

Acabamos de ver que o desejo de prazer pode transformar-se em desejo de ser amado, e portanto renunciar a seu objetivo inicial. É uma das caraterísticas essenciais da libido, segundo Freud, poder mudar de objeto, muito particularmente quando seu primeiro alvo se acha proibido. Com efeito, os sintomas, os desejos obsessivos e os atos estranhos, que afligem os neuróticos, revelam-se na análise ser satisfações simbólicas, substitutivas, de desejos recalcados mas que permaneceram atuantes no inconsciente. Quando o recalque é mais bem-sucedido, o desejo pode incidir sobre um novo objeto.

O complexo de Édipo

É isso que ocorre no famoso complexo de Édipo, pelo qual todo ser humano passa entre a idade de um a seis anos, segundo Freud. No menino, cujo caso é mais simples que o da menina, há coexistência de vários desejos antagonistas. Se ele admira o pai e procura imitá-lo, fica "enamorado" da mãe, no sentido de que deseja possui-la totalmente, tê-la inteira à sua disposição, ser o único objeto de seus pensamentos (encontramos as mesmas ambições no amor-paixão adulto!). Em conseqüência, acaba por considerar o pai um obstáculo e por odiá-lo. Deseja sua morte, ou ao menos seu desaparecimento, na medida em que uma criança possa conceber a morte (não é raro ouvir um menino a quem interrogam sobre o futuro responder: "Quando eu ficar grande, casarei com a mamãe. E seu papai? – Ele não estará mais aqui"). Mas a criança vem a pensar que o pai tem raiva dela por causa de tais desejos e fica animada dos mesmos sentimentos hostis para com ele. Vive na angústia de um castigo. Esse pavor constante torna-lhe a existência extremamente penosa, e mesmo insuportável. Quase não há outra solução para o menino senão suprimir esses desejos perigosos, proibidos pela vontade do pai e que o expõem a terríveis punições se persiste em senti-los. Mas que fazer? Ele não pode desviar sua atenção para outra coisa, pois os pais constituem o essencial de seu universo.

O recalque e as proibições

A solução que sua mente descobre é o recalque desses desejos. São banidos, proibidos taxativamente em sua consciência, repelidos para fora. Mas continuam a subsistir em seu psiquismo, constituindo daí em diante uma parte inconsciente, ao lado da parte consciente. O que permanece para a consciência são sobretudo duas proibições: a proibição do assassínio (ou mesmo do simples desejo de matar) do pai e de qualquer outro homem, pois a criança nem sequer deve lembrar-se de que almejou o desaparecimento do pai; a proibição do incesto, ou seja, do amor possessivo por um membro de sua família. São essas as duas leis que encontramos em toda parte na humanidade e que constituem o aspecto consciente do superego do indivíduo, ou ainda de seu poder de censura e de recalque, interiorização das proibições do pai. É o embrião da consciência moral humana. Subsiste também uma possibilidade de amar outros seres, no sentido de um desejo de posse que se realizará de modo físico, sexual, mas sobretudo não a mãe ou uma pessoa da família. Não obstante, é o desejo pela mãe, sempre atuante no fundo do inconsciente onde ele se esconde, que alimentará os amores do adulto. E pode-se supor que o homem, em cada mulher a quem ama, busca a substituta da mãe. Fica enamorado de uma pessoa que se parece com a mãe o suficiente para satisfazer-lhe o desejo inconsciente, mas não demais, para não incorrer na infração da proibição do incesto. Talvez seja mais claro que as mulheres, por sua vez, procurem no homem amado um substituto do pai. Ademais, no menino, no final do complexo de Édipo, o desejo de identificação com o pai vai fortalecer-se, vai alimentar-se da energia dos dois desejos inconscientes aos quais ele pode proporcionar uma satisfação substitutiva: ficar como o pai é tomar seu lugar, é suprimi-lo, e poder assim possuir a mãe só para ele. Aí está, segundo Freud, as molas secretas do amor que o menino vota ao pai, de seu desejo de ficar como ele adulto, instruído, independente, capaz de trabalhar, de ganhar dinheiro, de possuir uma mulher. Tal é o motor da educação, dos esforços titânicos que a criança faz para tornar-se um adulto. Portanto, vimos que é a proibição paterna do amor à mãe, e seu recalque, que permite ao homem desejar uma outra pessoa e não fica toda a sua vida "nas saias da mãe", o que ainda assim é preferível...

Repressão social do amor

Essa repressão social do amor prossegue muito além da primeira infância, durante a adolescência e mesmo na idade adulta. De fato, na época puritana de Freud, quase não era possível ter vida sexual antes de se casar, portanto antes de ter um trabalho e renda suficiente para fundar uma família. E mesmo então a religião fazia da sexualidade uma coisa vergonhosa, somente admissível para fins procriadores, da qual o prazer devia ser banido. As mulheres, sobretudo, eram vítimas dessa ideologia; os homens podiam provar alguns prazeres com prostitutas, mas para isso era preciso pagar, portanto trabalhar e ganhar dinheiro. E, mesmo em nossa época, aparentemente tão permissiva, que usa tanto o erotismo com fins comerciais, a repressão sexual está bem presente. O sexo continua freqüentemente a ser um assunto tabu nas famílias; os jovens moram por muito tempo na casa dos pais, que costumam ver com maus olhos que eles saiam tarde da noite ou se fechem no quarto com um ou uma colega. "Faça antes o vestibular, termine seus estudos...", dizem-lhes. E ao amor repugna a promiscuidade, ele em geral requer mais intimidade e segredo. Portanto, é preciso ter o apartamento próprio, possuir um trabalho e um salário suficiente. Ademais, o trabalho exige que se esteja fresco e disposto de manhã. Ocasiona estafa e preocupações. Enfim, as empresas valorizam os executivos que se devotam totalmente à profissão, a ponto de só viver para ela e de negligenciar toda a vida pessoal; em resumo, incentivam as neuroses... De qualquer modo, a sociedade não tolera que as pessoas passem o tempo todo se amando! Em face dessas múltiplas repressões da sexualidade, morais ou econômicas, a energia desejante do indivíduo é investida noutros objetivos, como o trabalho, o sucesso social, até mesmo a criação intelectual ou artística. É esse o fenômeno da sublimação dos desejos. A repressão permite orientar a libido para fins socialmente reconhecidos como mais elevados. Fenômeno ambivalente, que por certo sacrifica as satisfações naturais imediatas do indivíduo, mas que bem parece ser o motor da evolução da humanidade, sem o qual os homens ficariam encantadores animais afetuosos e estúpidos.

Limites da análise freudiana

Podemos observar, porém, que essa análise de Freud se atém a descrever o processo educativo, mas não explica realmente como é possível a sublimação, como é possível que um desejo, que bem parece ser definido por seu objeto, possa desse modo transformar-se e mudar de objeto. Aliás, essa é uma teoria tipicamente materialista, no sentido geral que Auguste Comte dava a esse termo: é materialista uma explicação do superior pelo inferior, da forma pelos componentes materiais; enquanto uma explicação do inferior pelo superior é idealista. Talvez haja uma teoria deste último tipo mais satisfatória. Pois a análise de Freud tem o defeito de deixar supor que apenas o desejo sexual é o desejo "verdadeiro", porque primeiro, e que o desejo sublimado é de certa maneira hipócrita, mentiroso, mero *ersatz* para os seres incapazes de saciar seus desejos carnais. Foi assim, em todo caso, que a ideologia de nossa época compreendeu Freud, é o que ela aplica em sua valorização simplória do natural, do primitivo, contra a alta cultura e o esforço sobre si. E usar, a torto e a direito, a categoria de "recalcado" para estigmatizar os seres animados de tais ambições, que não entram na fôrma comum dos desejos mais vulgares. Portanto, guardaremos de Freud a interessante idéia de um processo de elevação, de sublimação dos desejos humanos, mas simplesmente a título de descrição dos meandros do desejo, e não de explicação definitiva.

O mimetismo e o desejo de reconhecimento

Não é só a repressão que causa novos desejos, há também outra causa, muito mais espontânea, que é a imitação dos desejos alheios. O que o outro deseja, venho a desejar também. Com efeito, o desejo do outro por um objeto indica-me este objeto como tendo um valor, como sendo digno de cobiça e agradável de possuir. Assim é que basta a uma moça que as outras jovens de seu grupo achem um rapaz "superlegal" para que imediatamente ela tenha vontade de sair com ele. Assim também, basta que a opinião corrente decrete que é valorizador usar roupas de tal marca para que muitos desejem firmemente adquirir uma, iguais a carneiros de Panúrgio. Essa é a mola dos movimentos de moda: a valorização repentina e provisória de um produto, o mesmo que será depois decretado "out" ou "cafona" na estação seguinte. Encantadora inconseqüência! Spinoza[1], na *Ética*, havia, talvez o primeiro, identificado essa origem mimética possível dos desejos hu-

---

1. Baruch Spinoza (1632-1677), judeu português radicado na Holanda, no princípio discípulo de Descartes, elabora em sua grande obra, *Ética*, uma nova concepção de Deus, identificado com a Natureza, e uma análise da alma humana, de suas paixões e de sua servidão, assim como meios de conquistar liberdade e beatitude. Cada afirmação da *Ética* é logicamente demonstrada a partir de definições, de axiomas e de postulados iniciais, como num tratado de geometria. Essa vontade de extremo rigor torna a leitura da obra muito árdua. Ademais, sua concepção das relações entre o pensamento e a matéria é muito original e exige

manos². Poderíamos falar, se quiséssemos ser pedante, de uma triangularidade do desejo, que não é meramente relação de um sujeito com um objeto, mas comporta muito amiúde a mediação de um terceiro termo, o desejo inicial de outrem por esse objeto:

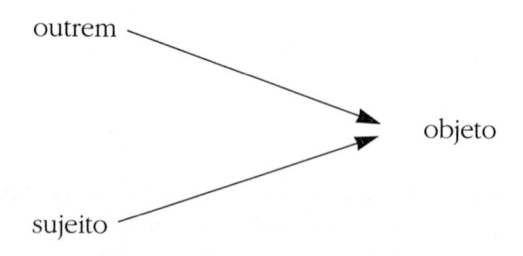

```
outrem ↘
            ↘
              → objeto
            ↗
sujeito ↗
```

A primeira conseqüência desse mimetismo do desejo humano é que ele coloca imediatamente os homens em situação de concorrência. Se todos desejam as mesmas coisas, que com muita freqüência são em número limitado – pois o que tem valor em geral é raro –, não as haverá para todos. Isso impele os homens ao conflito.

O contágio dos desejos

Em segundo lugar, vemos que os desejos específicos não estão por natureza, de modo inato, no homem, mas são sociais e culturais, porquanto se adquirem por imitação dos outros. Poderíamos dizer, em resumo, que se aprende o amor nos livros (ou, hoje, nos filmes). Há deliciosas ilustrações literárias desse fenômeno, que é verdadeiro, sobretudo do ato

---

uma grande tecnicidade para ser apreendida. Suas opiniões foram julgadas tão escandalosas que Spinoza, já excomungado pela Sinagoga, pediu que só se publicasse a *Ética* após sua morte.

2. Cf. *Éthique*, parte III, escólio da prop. 27.

sexual. No homem, diferentemente do animal, o modo de copular não é objeto de um saber instintivo. As crianças ignoram como se faz e se formulam muitas perguntas. É preciso finalmente que alguém acabe instruindo-as. É o que acontece a Dafne e Cloé num romance do grego Longo. O encantador pastor e a bonita pastora, mal saídos da infância, sentem-se atraídos um pelo outro por um impulso irresistível, sentem-se como que queimados por um fogo interior que não sabem como acalmar... Mas o que se aprende também nos livros são os sentimentos. Dom Quixote tem a cabeça virada por desejos heróicos com suas leituras de narrativas de cavalaria; Emma Bovary sonha com amores ardentes iguais aos dos romances água-com-açúcar com que ela se deleitava adolescente. O mais belo exemplo talvez se encontre na *Divina Comédia* de Dante. Atravessando os Infernos, ele encontra ali a desafortunada Francesca de Rimini. Que estará fazendo naquele lugar de punição aquela pura jovem? Por que sua alma foi condenada? Francesca o conta, no canto mais comovente da obra. Ela tinha o costume de se refugiar no alto de uma torre, num sótão, para ler em companhia de seu cunhado Paolo, na frente de uma janela que se abria para as doces paisagens da Lombardia. Um dia, leram nas narrativas dos cavaleiros da Távola Redonda a história dos amores de Lancelote do Lago e da rainha Guenievra. Pouco a pouco, os corações deles começaram a bater mais forte, a respiração acelerou-se, os lábios se entreabriram e logo se uniram, seus corpos se enlaçaram e se confundiram, a exemplo dos heróis do livro. Unir-se fora dos laços sagrados do matrimônio! Eis o que, segundo a moral rigorosa e expeditiva da época, constitui um pecado e merece a condenação eterna. O coração de Dante parece apertar-se ante essa idéia. Mas isto ilustra de um modo bonito como as leituras e os espetáculos às vezes são perigosos, como há uma espécie de contágio dos desejos. Mal se lê a narrativa de alguma torpeza e o desejo vem invadir-lhe o espírito e deixa você infeliz enquanto não puder satisfazê-lo. Talvez convenha então cuidar de proteger a alma contra semelhantes influências que podem maculá-la, a não ser que se seja forte o bastante para lhe resistir com todo o discernimento.

Enfim, se os desejos são adquiridos à imitação de outrem, isso arruína um dos dogmas da ideologia contemporânea, que pretende que meus desejos sejam a expressão de minha natureza profunda, da originalidade de meu ser. Sou meus desejos, eles estão inseridos no fundo de minha alma desde meu nascimento. São por conseguinte sagrados, intocáveis, não devo fazer nenhum esforço contra eles, até tenho direito à realização deles, que é minha própria realização. Todas essas reivindicações se acham facilmente destruídas. Que pobre originalidade a dos desejos que se acham saciados pela aquisição de produtos manufaturados, com vários milhões de exemplares! Evidentemente, toda a habilidade de nossa sociedade de consumo consiste em oferecer uma variedade de objetos suficientemente ampla para manter a ilusão da originalidade, mesmo padronizando maciçamente a produção, e os próprios apetites, por intermédio da publicidade e dos movimentos de moda. Algumas distinções sumárias operam-se no plano de grupos sociológicos: afirmam-se seja modernistas, adeptos de tecnologia elaborada, seja tradicionalistas, partidários de uma volta ao natural, etc. Análises desse tipo foram aprofundadas por um intelectual francês contemporâneo, René Girard, na obra *Mensonge romantique et vérité romanesque* (Mentira romântica e verdade romanesca). A mentira romântica é precisamente a tese da originalidade e do caráter inato do desejo. A verdade romanesca é o modo como Cervantes ou Flaubert desvelam essa ilusão.

O desejo de reconhecimento

Entretanto, uma questão continua irresolvida, a da razão de ser desse mimetismo do desejo. Por que desejar o que outrem deseja? De fato, se desejo possuir o mesmo objeto de que ele tem vontade é para que ele me admire, me estime. É apenas por isso que desejo esse objeto, e não por ele mesmo, por suas qualidades próprias, pelo prazer que me proporcionaria. Meu verdadeiro desejo é o desejo do amor de outrem. Quase todos os desejos humanos têm na realidade essa finalidade. É isso que Hegel[3] afirma claramente: o desejo humano fundamental não é o desejo de consumo do objeto, o desejo de prazer, de gozo físico, que é da mesma forma o do animal, mas é o desejo da estima, da admiração, do amor de outrem, ou ainda, como o denomina Hegel, o desejo de reconhecimento (o desejo do desejo de outrem), ou seja, o desejo de ser reconhecido por outrem como um ser que tem um valor (que portanto é ele próprio desejável). E isso media o desejo do objeto, objeto cuja posse não passa de um meio para trazer para si a vontade que o outro tem dele. Se quero ter múltiplos objetos, não é pelo prazer que me dão diretamente, mas é para tentar captar e desviar em proveito do meu ser o valor que o outro reconhece neles.

Essa idéia costuma chocar certos espíritos, e tem muita dificuldade em ser aceita por eles, ao passo que outros, mais lúcidos sobre si mesmos e sobre os outros, a aceitam como uma evidência. Há várias razões para essa resistência, além de uma mera cegueira por falta de clarividência. Primeiro, é uma verdade que nunca se deve admitir como válida para si mesmo diante dos outros, pois isto constituiria uma confissão de fraqueza. Com efeito, convém exibir a força pessoal afirmando continuamente que se é independente dos outros, que se perseguem objetivos pessoais sem se preocupar com a opinião alheia. Talvez haja em certos seres alguns desejos que escapam a essa lógica, mas não devem ser muito numerosos. Pois, sejamos honestos, se eu fosse um náufrago solitário

---

3. G. W. F. Hegel (1770-1831), filósofo alemão, construiu o gigantesco sistema do Saber Absoluto, do qual apresentou uma abordagem em sua primeira grande obra, *A fenomenologia do espírito*, que analisa entre outras coisas a odisséia da consciência desejosa.

numa ilha deserta, eu me importaria ainda em ter roupas elegantes, ou na última moda, desta ou daquela marca? Em possuir um belo automóvel, uma bela casa etc.? De modo algum. Se não houvesse ninguém para me ver, eu só procuraria em todas as coisas o conforto, e de modo nenhum a estética ou o prestígio.

O esporte e o sentido da competição

E pensemos nessa gana que os homens têm de medir-se, de comparar-se, a fim de ser o melhor, e que se exprime em toda parte, nos negócios, nos estudos, nos jogos, mas com toda a nitidez no esporte. De fato, que interesse há em treinar o dia inteiro em lançar habilmente uma bola, com as mãos, os pés ou uma raquete, em exercitar os músculos de modo que se ande ou corra, escale, salte, lance, nade, de tal maneira exclusivamente? Isso parece um tanto estúpido, comparado às atividades infinitamente mais nobres do conhecimento e da ação política que reclamam os homens. Mas o paradoxo de nossa época quer que, precisamente, essas atividades que fazem a dignidade do ser humano sejam suspeitas de ser más, perigosas, enquanto o esporte é unanimemente louvado e incensado. Ocupam-se unicamente em bater numa bola, e em ganhar milhões, em vez de salvar vidas humanas ou elevar espíritos, e são heróis. É essa a confusão moral desta época. Deveríamos ficar reconhecidos aos esportistas somente pelo espetáculo que nos oferecem, que contribui para o nosso passatempo, em suma, como a distraidores, e nada mais, pois essa atividade não pode ser a mais alta ambição da humanidade.

Mas voltemos ao nosso objeto: que justificação de sua atividade monomaníaca dá o esportista (de competição, não o que faz sua caminhadinha domingo para manter-se em forma, se bem que aí também a relação com outrem tenha importância)? "Faço isso unicamente para superar-me a mim mesmo." Eis o refrão! Evidentemente, uma vez que não se deve principalmente confessar que se tenta de fato somente ser melhor do que os outros, a fim de ser reconhecido e admirado, pois isso seria uma confissão de fraqueza. Mas se não é esse o caso, por que então submeter-se ao veredicto da competição e do cronômetro? E no caso dos esportes solitários perigosos, será apenas a busca de sensações inebriantes que é o objetivo, como se pretende, ou, antes, fazer que admirem sua coragem, sua habilidade, suas façanhas? É claro, o elegante é deixar parecer o menos possível essa busca. As crianças e os simplórios se vangloriam de seus êxitos, e por isso mesmo destroem todo o efeito de suas façanhas na opinião dos outros. Os adultos sabem melhor fingir a indiferença, mas não passa de uma máscara hábil.

A presença de outrem

Pois é mesmo preciso render-se à evidência: preocupo-me infinitamente com o que os outros pensam de mim. Uma simples experiência basta para prová-lo. Estou só num compartimento de um trem ou na sala de espera de um médico; meus pensamentos vogam livremente; instalo-me à vontade, sem preocupação com minha atitude. Mas eis que entra alguém; é um perfeito desconhecido, um indivíduo que, *a priori*, não está destinado a desempenhar nenhum papel em minha vida, a quem decerto nunca reverei. E no entanto, imediatamente, retifico minha postura, preocupo-me com minha aparência, com a impressão que posso causar; meus pensamentos perdem sua bela liberdade e se prendem a meu ser, à minha relação com o outro; se tenho uma mancha ou um buraco na roupa, fico horrivelmente incomodado; da mesma forma se não me acho bonito ou bem arrumado o bastante. Em todos os casos, fico inquieto com o juízo que o outro pode fazer de mim. Aí também, as crianças manifestam claramente isso. Assim que se sentem olhadas, perdem sua espontaneidade, agem de modo afetado, tentam tornar-se "interessantes", valorizar-se, por exemplo, acertando exercícios difíceis, e em geral só fazem besteiras que as ridicularizam, por falta de uma apreciação justa dos comportamentos adequados. Os adultos aprendem a ser mais hábeis, por saber melhor o que conta aos olhos dos outros e que a primeira qualidade é parecer indiferente, portanto manter sua aparência de naturalidade.

Dois fatores vêm limitar a pressão desse desejo de reconhecimento. Primeiro, ele diminui entre meus próximos, pois sei que me conhecem, que *já* me julgaram. Mas isso não me isenta de certos esforços, seja para não desmerecer, seja para retificar um juízo que me parece desfavorável. De outro lado, posso contentar-me em ser reconhecido somente por certo grupo, ao qual desejo pertencer e do qual adoto os usos relativos às vestimentas e aos comportamentos, que são outros tantos sinais de identificação e de congraçamento. Cada grupo humano costuma instituir como regra o desprezo pelos outros grupos e, sustentado pelo reconhecimento que me atestam os membros de meu grupo, posso assim arrostar o não-reconhecimento dos outros. Entretanto, há que observar que aqueles que mais ostentam sua indiferença para com outrem, os anticonformistas, os provocadores, que parecem mesmo procurar provocar um juízo negativo, chocar, escandalizar, são ao mesmo tempo os mais dependentes da opinião dos outros, pois só podem ser provocadores se conseguem efetivamente chocar, ser reconhecidos como tais. Logo, há um conformismo do anticonformismo, o qual aliás vira em geral comportamento de massa institucionalizado (por exemplo, usar jeans em vez de terno é percebido como anticonformismo, ao passo que isso se tornou a própria banalidade).

ONTOLOGIA DO DESEJO

O ser para si, nada e liberdade

Por que é assim? Por que tenho tamanha preocupação com o juízo alheio sobre mim, tamanha sede de ser reconhecido, estimado, admirado, até mesmo amado? Isso provém do fato de que sou um ser consciente e livre, portanto indeterminado, dizem Hegel e Sartre[4]. Como compreender essas fórmulas? Uma coisa, por exemplo uma mesa, é o que é, ela é um ser determinado e não pode tornar-se outra coisa, decidir livremente mudar; ela não se faz nenhuma pergunta sobre sua identidade, e aliás não tem consciência para fazê-lo. Sartre designa as coisas pela expressão hegeliana de ser-em-si, para resumir todas essas características. Mas eu, um ser humano, se possuo um corpo que é também um em-si, sou essencialmente um ser consciente; penso a mim mesmo, represento a mim mesmo, e sou em parte o que penso ser; sou um ser-para-si (segundo o germanismo que traduz a expressão de Hegel: *für sich*; dir-se-ia mais corretamente em francês: "être pour moi, toi, lui-même..."[5]). Por conseguinte, posso decidir modificar meu ser: sou livre. O que sou depende de minha decisão, de meu esforço pessoal. Mas a contrapartida dessa liberdade é uma indeterminação, uma contingência: não sou definitivamente, nem sequer, pode-se dizer num sentido, realmente o que sou. Por exemplo, não sou corajoso ou covarde por natureza, ou seja, desde sempre, de nascimento, e, definitivamente, para sempre. De fato, se realizei uma vez

---

4. Jean-Paul Sartre (1905-1980) não foi somente um grande escritor, romancista e dramaturgo, um jornalista e um intelectual engajado politicamente, mas também um grande filósofo, mesmo que tenha sido muito depreciado e esteja atravessando um purgatório. Pretendendo dar continuidade à fenomenologia de Husserl e de Heidegger (cf. Posfácio), ele elaborou um verdadeiro sistema filosófico original, cuja ontologia ele apresenta em *O ser e o nada*. Contudo sua obra de filosofia moral e política ficou inacabada, talvez por causa de suas múltiplas outras ambições. Cf. Alain Renaut, *Sartre, le dernier philosophe*, Grasset.

5. Em português: ser para mim, para ti, para ele mesmo. (N. da T.)

uma ação corajosa, os outros julgam que tenho um caráter, uma natureza, corajosa, e que o serei sempre. Mas, quanto a mim, bem sei, no fundo de minha consciência, que não acontece isso, que amanhã poderei ter medo, não querer atirar-me na água ou nas chamas para salvar alguém. Sei que não sou nem covarde nem corajoso de modo absoluto, mas que posso mostrar-me ora um ora outro, conforme as circunstâncias e os esforços que farei sobre mim mesmo. Tenho consciência de que não sou nada, nenhum ser determinado, em suma, que sou apenas um nada de ser, uma falta radical. Esse é o preço da liberdade. Essa situação existencial, que é a de todo homem, não deixa de gerar uma certa angústia: eu gostaria de "ser alguma coisa", de "ser alguém", como se diz. O para-si tem a nostalgia do em-si. Quero ser tranqüilizado sobre minha identidade e sobre meu valor. Portanto, preciso da confirmação de meu ser que encontro no juízo alheio. A opinião dos outros é que me proporciona uma identidade, um caráter que me faltam por natureza. Parece-me que não tenho outro ser além daquele que me é concedido por outrem, que só sou o que sou reconhecido ser. Meu ser é inteiro relacional.

É por isso que, por trás de todo desejo de posse de objeto, de sucesso, oculta-se nosso desejo fundamental, o de todos os humanos, o desejo de reconhecimento, que não é outro senão um desejo de ser, um desejo ontológico. Isso parece introduzir uma fraqueza radical no homem, que todos se empenham em esconder procurando dar a aparência da força e da independência. Mas não há vergonha em reconhecer essa necessidade que temos de outrem. Essa é a nossa condição, o preço de nossa liberdade. E é também o princípio dos esforços que os homens fazem para superar a si mesmos, para brilhar aos olhos dos outros, para adquirir um valor. Se os humanos fossem seres-em-si, se bastassem a si mesmos, estariam satisfeitos com sua pessoa e ficariam pacatos animais, não tendo mais valor, inventividade e grandeza do que carneiros.

ONTOLOGIA DO DESEJO

Ser e amar, em vez de possuir

No que tange à minha felicidade, essa análise permitiu-me compreender que meus desejos de posse são deveras superficiais e me enganam de certo modo sobre a verdadeira meta que devo perseguir. Pois creio que quero possuir isto e aquilo, que é o que me deixará feliz, ao passo que na verdade tudo o que quero profundamente é ser amado ou estimado. É preciso portanto, em vez de amealhar bens, trabalhar para aperfeiçoar a si mesmo, a fim de tornar-se digno de estima ou de amor. É preciso procurar ser em vez de ter, e procurar ser alguém de bem. Convém seguir a contracorrente da atitude comum que em geral consiste em querer parecer forte e independente dos outros, em mascarar os desejos relacionais, em emparedar-se na indiferença e na frieza (quando de fato se está em busca do outro) e em investir-se na posse de objetos e de riquezas. Devem-se ao contrário articular vários movimentos: desprender-se do prestígio enganador das propriedades materiais, dar-se um ser e um valor verdadeiros, e ao mesmo tempo ter a força de não mascarar o desejo por outrem. Deve-se pensar em estabelecer laços com os outros, em ser aberto e acolhedor, e escolher os seres cuja estima importa. Enfim, uma vez que acima de tudo quero ser amado, tenho de saber eu também amar e dar primeiro.

Para consegui-lo, é preciso que eu já não seja totalmente dependente do juízo de qualquer um. É preciso que com minhas ações torne-me digno de estima e obtenha essa estima de um círculo de pessoas nas quais eu mesmo reconheço um valor. Mais profundamente, devo primeiro alcançar uma certa estima de mim, que me porá ao abrigo das vicissitudes da opinião alheia. Isto fará de mim um ser forte, que não estará sob a dependência permanente dos outros, que não esperará tudo dos outros, que não reclamará incessantemente que lhe dêem tudo, e cada vez mais, mas que será justamente um ponto sólido, capaz de ajudar os outros, capaz de dar amor.

O amor e o desejo absoluto
(segundo Platão)

O amor à beleza

Meu desejo essencial é ser reconhecido, amado, e o mais das vezes quero possuir objetos apenas com esse objetivo. Entretanto, acontece-me também amar perdidamente uma coisa ou um ser, que me enleva, dos quais acho que a presença, a visão bastarão para deixar-me feliz. Eis um desejo que num sentido parece já não ser egoísta como o precedente. Parece residir numa simples relação dual entre um sujeito e um objeto, e não mais numa relação triangular, na qual o desejo de objeto visa de fato ao reconhecimento dos outros. Essa é uma das diferenças entre o desejo e o amor. O desejo pelo objeto tem como meta a obtenção da admiração dos outros, enquanto no amor, afora o ser amado, os outros são demais. Mas de onde me vem esse enlevo? Que é que causa o amor? O objeto do amor é chamado o mais das vezes de beleza. Amo uma paisagem, um quadro, uma música, e mesmo um ser, por sua beleza. Mas, então, não é verdadeiramente esse objeto ou esse ser que amo, mas sua beleza. Blaise Pascal teve este pensamento:

Quem ama alguém por causa de sua beleza o amará? Não, pois a varíola, que matará a beleza sem matar a pessoa, fará que o deixe de amar. [...] Portanto, nunca se ama ninguém, mas somente qualidades[1].

O verdadeiro objeto de meu amor seria de fato a beleza, a beleza pura, ideal... E eu estou-me enganando se creio amar um ser. De fato, o que amo, ou o que admiro, é a mulher ou o homem ideal, o herói ideal, e só amo seres reais na medida em que me parecem encarnar aproximadamente esse ideal, dar-lhe carne e vida. Amo também a coragem, a nobreza, a pureza, a doçura, a bondade, a justiça, que são todas elas virtudes ideais das quais os seres têm maior ou menor participação, e amo tanto mais os seres quanto mais eles as possuem. Mas vejo bem que o verdadeiro objeto de meu amor é o ideal.

O ideal e o real

Entretanto, objetar-me-ão que o ideal não é deste mundo, e até que não existe, que não passa de uma vã quimera, de um sonho vazio. Essa opinião corrente merece um exame. Que é que eu chamo de real? Acima de tudo, o que posso ver e tocar, o que é sensível, ou seja, aquilo cuja realidade posso provar mediante meus sentidos. E também o que é permanente, duradouro, para eliminar bem todas as aparências fugidias, os falsos reconhecimentos que posso operar: quando creio identificar erradamente o rosto de um amigo, ou quando creio ver um corredor enquanto era apenas um *trompe-l'œil* pintado, ou um corpo humano numa praia enquanto é apenas um pedaço de pau que descubro ao me aproximar. Dá-se o mesmo com os sonhos nos quais tenho bem a impressão de ver, de ouvir, de tocar coisas que não subsistem ao meu despertar e que reconheço portanto serem falsas, ilusórias. A realidade deve ter suficiente permanência para poder ser objeto

---

[1] *Pensées*, ed. Brunschvicg, nº 323; ed. Lafuma, nº 688.

de juízos duradouramente verdadeiros. Enfim, a terceira característica do que é real é permitir uma concordância das mentes. Com efeito, não é porque alguém vê ou ouve alguma coisa que ela é mesmo real, pois ele pode ser vítima de uma alucinação duradoura. E sabe-se que grupos inteiros de fanáticos, por exemplo religiosos, podem pretender ver fenômenos que os outros não vêem de modo nenhum.

As coisas sensíveis e o fluxo do devir

Agora, posso examinar o que sucede à realidade daquilo que é denominado comumente "irreal", as idéias e os ideais, e àquilo que é denominado "real", as coisas materiais, ou ainda "sensíveis", como as chama Platão. Quanto às coisas sensíveis, parece-me ao refletir que elas carecem cruelmente de permanência, de estabilidade. Vejam uma bela jovem; deixem passar dez ou vinte anos; o tempo fez seu trabalho, as rugas lhe invadiram o rosto, seus traços perderam o viço, para onde foram sua juventude e sua beleza? Foram-se embora. Assim também, o homem que parecia tão vigoroso logo não é mais que um velho senil; a criança sorridente se torna um triste senhor; o amor apaixonado dá lugar à indiferença ou ao ódio; a amizade esfria; a esplêndida mansão não é mais que uma ruína; a mesa sólida cede um dia sob o peso; as belas flores murcham; o que era vivo está morto, mas também o que não existia advém; o terreno inculto se cobre de vegetação; tudo é geração e corrupção, nascimento e morte; tudo muda sem cessar, por vezes lentamente, deixando-nos a ilusão da permanência, por vezes mais rapidamente: o sol é expulso por uma tempestade súbita; o bom humor dá lugar às lágrimas; a noite sucede ao dia... Nada permanece, tudo é levado pela valsa do tempo; portanto, nada é verdadeiramente; tudo se torna. Nenhum ser é estável, permanente, idêntico a si mesmo; todos mudam, revelam-se diferentes do que me pareciam, decepcionam-me e enganam-me portanto. Às vezes, a desilusão é rápida: a fruta apetitosa que mordo se revela podre por dentro; a lindíssima jovem que encontrei ontem à noite já não me parece tal na manhã do dia seguinte ao despertar, com seu rímel que escorreu, as olheiras sob os olhos, os traços emaciados, a tez amarelada. As luzes difusas, a perfeição da maquiagem, o corte do vestido, a excitação da festa lhe haviam dado uma aparência de beleza. Dever-se-á dizer que essa beleza não lhe pertence, ou que toda beleza não passa de aparência passageira? Por serem temporais, as coisas sensíveis não são verdadeiramente seres, mas somente aparências transitórias, que às vezes nos ludibriam dando-nos a ilusão da permanência. Mas nada subsiste, tudo é levado no fluxo da mudança perpétua. De fato, as opiniões dos homens sobre as coisas divergem enormemente. Ninguém está de acordo sobre o que é verdadeiramente belo ou bom. A mesma água que parece fria demais a um parece agradável ao outro, etc.

Eternidade das idéias

Quanto às idéias, que dizem, um tanto rapidamente, serem desprovidas de realidade, posso notar de início que são num sentido mais perfeitas do que as coisas reais. Com efeito, nenhuma bela mulher é perfeitamente bela; cada uma delas é afligida por algum defeito, enquanto a idéia de beleza é, por sua vez, a idéia da beleza perfeita. Assim também, nenhuma reta traçada na lousa pela mão do homem é perfeitamente reta; tem uma espessura e não é infinita, enquanto a idéia da reta é a idéia da reta perfeita. Da mesma forma também, nenhum homem corresponde perfeitamente à idéia do homem ideal. Enquanto as coisas sensíveis nunca são exatamente o que pretendem ser, as idéias são sempre idênticas a si mesmas, são o que são. Possuem uma estabilidade, uma permanência perfeitas, pois não são sujeitas à mudança temporal, à alteração, à corrupção, à destruição ou à morte, como as coisas materiais. Quando penso no triângulo, penso exatamente no mesmo triângulo cuja idéia Pitágoras tinha faz dois mil e quinhentos anos, descubro as mesmas propriedades nele, as mesmas verdades, ao passo que de há muito o triângulo material traçado por Pitágoras em seu quadro virou pó, assim como o quadro, e o próprio Pitágoras aliás. E a idéia do triângulo, as verdades a seu respeito continuarão as mesmas dentro de dois mil anos, no planeta Marte ou lá pelo lado da galáxia de Andrômeda, de fato, em toda parte e sempre.

A reminiscência

Ademais, são as idéias que permitem aos homens conhecerem alguma coisa. Platão toma o exemplo de duas pedrinhas iguais em comprimento. Tenho de ter primeiro a idéia de igualdade em minha mente para que reconheça que as duas pedrinhas são iguais. Alguns filósofos, os empiristas, pensam que a mente humana está vazia no nascimento e aprende todas as idéias a partir de suas experiências. Mas como essas duas pedrinhas, aliás diferentes por sua forma e por sua textura, dar-me-iam a idéia de igualdade? Cumpre que eu já possua essa idéia geral em minha mente para reconhecê-la em seguida *in concreto*, no meio do oceano de diferenças. É porque já a possuo que essa igualdade pode depois "saltar-me aos olhos", mas não são meus olhos nem meus sentidos que ma proporcionam. As experiências são somente a ocasião para que a mente torne a recordar-se da idéia quando ela a encontra encarnada, ao passo que não pensaria nela de outra maneira. Esse é o processo a que Platão chama a reminiscência. Sucede o mesmo com todas as idéias fundamentais que a mente humana utiliza para decifrar a realidade. Como eu saberia que uma jovem é bela, mas que um caldeirão rechonchudo de cobre brilhante também pode ser chamado belo, ao passo que não há nenhuma outra relação entre essas duas coisas senão essa beleza em comum, se eu não tivesse de início a idéia de beleza em minha mente? Como poderei saber o que é a justiça, ao passo que não estou nem um pouco seguro de ter um dia visto um homem realizar uma ação justa? Como poderei conhecer o infinito, ou a perfeição, seja na beleza ou na justiça, ao passo que precisamente isso não se encontra no mundo? E como poderei saber que todas as coisas neste mundo são finitas e imperfeitas se não tiver, para cada uma dessas coisas, homens, viventes, objetos materiais, a idéia do que devem ser em minha mente? Há mesmo, portanto, uma preexistência da idéia, a única que permite o pensamento e o conhecimento humanos. Os homens são capazes de pensar porque têm idéias em sua mente, que compõem precisamente essa mente. Eles são depois capazes de fazer esse capital inicial frutificar e de adquirir novas idéias. Mas a mente humana vem ao mundo com certo número de idéias inatas fundamentais, que constituem seu próprio ser, assim como o corpo humano nasce com certa estrutura, braços, pernas, um coração etc. Esta última verdade é mais fácil de constatar do que a anterior, portanto passa por ser mais evidente e é objeto de menos contestações. Nem por isso é menos surpreendente, se refletimos nela. Platão vê também nesse fenômeno de reminiscência das idéias uma prova de uma existência de nossa alma anterior a esta vida terrestre, em cujo decorrer ela adquiriu essas idéias, das quais torna a lembrar-se agora. Essa seria, segundo ele, uma das provas da imortalidade da alma.

A concordância das mentes

Ademais, uma vez que as idéias são imutáveis, elas permitem a concordância das mentes no conhecimento. Embora cada qual não veja e não sinta as coisas de modo idêntico, cada qual é capaz de pensar as mesmas idéias e ficar de acordo com os outros a esse respeito. Verifica-se isso sobretudo no plano das idéias matemáticas, porque, segundo Platão, essas são as idéias mais simples e as mais fáceis de pensar que existam (e, ainda assim, um exercício desses se torna depressa de uma dificuldade insuperável para muitos humanos!). Pelo fato de que as idéias das outras realidades, como a justiça ou o espírito, ou seja, as idéias filosóficas, são muito mais complexas e de que os homens são muito preguiçosos, preferindo ocupar-se com seus prazeres e julgar segundo seus sentimentos em vez de fazer o esforço de pensar realmente, tal concordância das mentes só se verifica muito raramente. Mas ela existe no plano da lógica e das matemáticas, o que basta para afirmar que as idéias satisfazem ao terceiro critério de realidade, a concordância intersubjetiva.

O mundo inteligível

Estou vendo que a idéia é necessariamente anterior ao meu pensamento das coisas e que ela o torna possível. Ela é igualmente anterior à existência das coisas. Com efeito, o primeiro artesão que fabricou uma cama o fez consoante certa idéia que tinha na mente, que portanto existe antes que a coisa seja realizada e provém sabe-se lá de onde. Dá-se o mesmo com as produções naturais: elas são a realização de certas idéias. De fato, já que as idéias não são submetidas à temporalidade, já que não podem morrer nem mudar, fica claro que também não podem nascer. Não existindo no tempo, elas são eternas. Têm uma certa forma de existência, que não é a existência sensível, material, mas uma existência puramente espiritual, fora do tempo e de suas vicissitudes. Temos de admitir, contra todos os nossos pequenos hábitos intelectuais estreitos e limitados, que há dois modos de existência: o das coisas sensíveis, que é espácio-temporal, e o das idéias, que não o é; de fato, diferentemente das coisas, as idéias não existem num lugar e num lapso de tempo determinados, mas existem em toda parte e desde sempre, podem estar presentes ao mesmo tempo numa grande quantidade de mentes, em diferentes épocas, sem esgotar-se nem um pouco. E, longe de ser nula, como com muita freqüência o supõem, a existência das idéias é até mais firme e mais eminente do que a das coisas, uma vez que é eterna e imutável. Evidentemente, as idéias não são sensíveis, tangíveis, visíveis. São somente pensáveis. São inteligíveis, diz Platão, o que quer dizer que se manifestam no nosso intelecto e não nos nossos sentidos. Claro, a maioria dos homens não se apercebe sequer da existência das idéias, ao passo que têm contudo algumas em sua mente; mas sem dúvida é porque pensam muito pouco e porque nisso são semelhantes a bichos que só consideram real o que lhes aparece na frente do focinho[2]. Na verdade, em comparação com a existência poderosa das idéias, nossas coisas sensíveis é que têm uma existência menor, uma mera aparência de existência, em geral ilusória e enganadora. Elas limitam-se a tomar emprestada sua aparência às idéias, que são as verdadeiras realidades: creio ver diante de mim um ser que possui juventude, força e beleza, mas não passam de aparências transitórias, de imitações imperfeitas e efêmeras do que são realmente juventude, força e beleza. Portanto, as idéias são a fonte das outras existências, uma vez que proporcionam ser às coisas sensíveis que tentam imitá-las, que participam delas. Por exemplo, cada ser humano é uma realização particular, mais ou menos imperfeita, da idéia de ho-

---

2. No início do século XX, o filósofo alemão Edmund Husserl esbravejará da mesma forma contra os psicólogos que negam a existência de idéias gerais na mente e daquilo a que ele chama a faculdade "de intuição das essências", ou seja, de pensar conceitos abstratos. Cf. *Prolégomènes à la logique pure*, tomo I das *Recherches logiques*, PUF, e as *Idées directrices pour une phénoménologie*, Gallimard, col. "Tel".

mem ideal, que ele se esforça em realizar. É por isso que Platão diz que há dois mundos, o mundo inteligível e o mundo sensível, um dos quais é o mundo verdadeiro e o modelo que o outro imita.

A alegoria da caverna

É toda essa concepção que está ilustrada na célebre alegoria da caverna, no livro VII de *A República*: os homens são como prisioneiros acorrentados dentro de uma gruta, da qual só podem ver o fundo, no qual enxergam imagens. Um deles, que é precisamente o filósofo, consegue soltar-se e, impelido pela curiosidade, explora o lugar, escala para encontrar a saída e encontra-se ao ar livre. Ali, constata que objetos que passam entre uma grande fogueira e a abertura da caverna projetam sua sombra no interior, o que os homens tomam erroneamente por realidade. O filósofo desce à caverna para prevenir seus irmãos humanos de seu erro e libertá-los por sua vez, mas estes caçoam dele. Depois, como insiste e incomoda os que têm algum poder ou algum simulacro de ciência a respeito das pseudo-realidades, os homens o condenam à morte. Cada um dos elementos da alegoria deve, é claro, ser decifrado: a caverna é o mundo sensível, as sombras são as coisas sensíveis, os objetos reais exteriores representam as idéias etc.[3] Designam correntemente esta concepção ontológica platônica com o nome de "teoria das Idéias", um tanto impropriamente, pois *theoría* designa em grego a atividade de contemplação. E os tradutores de Platão escrevem Idéia, com um I maiúsculo, para mostrar bem que se trata de uma realidade eminente. Vemos que um pouco de reflexão filosófica basta para derrubar todas as opiniões correntes sobre o

---

3. Haveria muito que dizer sobre o pessimismo de Platão quanto ao triste destino do filósofo, que foi mesmo o de Sócrates.

que é real e o que não o é, sobre os respectivos graus de realidade da idéia e da coisa material.

O desejo do absoluto

Assim, não é nem um pouco absurdo pensar que o verdadeiro objeto de meu desejo é o ideal, o absoluto, o perfeito, pois é justamente o que é o ser verdadeiro. Ora, sou um ser sensível, temporal, em carência de ser; portanto meu desejo profundo incide logicamente sobre o ser que me falta cruelmente. Como saciar esse desejo, como identificar-me com o absoluto e assim alcançar a felicidade? São possíveis várias soluções, que o pensamento de Platão percorre seguindo uma notável evolução. Todas enraízam-se no princípio de que minha alma, também ela, é de natureza intelectual, que é capaz de pensar idéias. Ora, se a realidade, objeto de meu desejo, é puramente espiritual, posso possuí-la pensando, contemplando as Idéias. Essa será a fonte de meu mais elevado prazer, de minha beatitude, ainda que a maioria das opiniões vulgares sobre esse assunto não me tenham habituado de maneira alguma a tal concepção, que pode parecer muito surpreendente. Mas é um fato que, quando compreendo algo, quando aprendo uma nova teoria que me deixa as coisas do mundo mais claras e mais inteligíveis, sinto-me também mais inteligente, e isso me proporciona uma verdadeira e pura alegria.

O dualismo ascético do Fédon

Por que então isso não ocorrerá com mais freqüência? Por que tais instantes serão tão raros? Por que é que não consagrarei mais tempo e energia a aprender, a elevar meu pensamento, em vez de perder meus dias em futilidades, a perseguir fins mesquinhos, como o enriquecimento, a posse de objetos, as conquistas, que afinal só me proporcionam prazeres decepcionantes, bem aquém dos esperados? Há uma razão para isso, é que não sou um espírito puro. Minha alma está ligada a um corpo, é encarnada; isso é para ela como que uma queda a partir de sua pureza original. "O corpo é o túmulo da alma", diz Platão numa frase célebre. E eis que ela é contaminada pelos apetites do corpo. Ela percebe todas as coisas através das sensações do corpo, fica toda preocupada com a satisfação de seus desejos, com o alívio de seus sofrimentos, e tudo isso a impede de pensar verdadeiramente. Fica como que ofuscada com essa coexistência forçada e nela perde até a lembrança de sua verdadeira natureza e de sua verdadeira destinação. Portanto, convém recusar-se aos desejos do corpo, tentar o mais possível separar a alma do corpo. Essa é a via da ascese, a recusa dos apetites carnais. Mas ela não parece poder sair vitoriosa já nesta vida, pois a completa separação da alma e do corpo só se opera na morte. Ainda é preciso que minha alma não esteja toda prenhe dos desejos sensíveis, caso em que ela não deixará de se reencarnar para levar uma nova vida terrestre de servilismo, de frustração e de infelicidade, como o pensaram também os budistas, o que aliás parece bastante lógico. Ao passo que, se trabalho durante esta vida para superar meus desejos corporais, em minha morte minha alma ficará livre da encarnação, poderá ir ter ao mundo das Idéias, que ela se deleitará em contemplar, usufruindo a verdadeira Beleza, a verdadeira Justiça, o verdadeiro Bem, numa beatitude eterna, entre as almas dos outros seres puros. É por isso que convém, já nesta vida, tratar de separar a alma do corpo tanto quanto possível, é por isso que "filosofar é aprender a morrer". É isso que Sócrates explica no diálogo de Platão, o *Fédon*, que se desenrola no último dia de sua vida. Com efeito, Sócrates foi condenado à morte, conquanto fosse o mais excelente dos homens. Procurou apenas a verdade e o bem, mas, fazendo isso, interrogando todos os que pensavam saber, os políticos, os pretensos sábios, os sacerdotes, os poetas, os militares, os sofistas, só fez pôr em evidência a perfeita ignorância deles, disfarçada por trás da pretensão e da suficiência deles, que ele desinchou como um balão de borracha picado por uma agulha. Evidentemente fez muitos inimigos entre esses homens poderosos, que o caluniaram e obtiveram sua condenação à morte, por "ter pervertido a juventude e não ter respeitado os deuses da Cidade". Na manhã do dia em que vai morrer bebendo um veneno, a cicuta, recebe seus discípulos pela última vez. Como estão muito aflitos e se espantam de que Sócrates espere calmamente a punição, sem ter tentado subtrair-se a ela evadindo-se, ele lhes explica sua esperança, que a morte não é um fim, mas um segundo e mais verdadeiro nascimento, pelo menos para as almas puras que trataram de se elevar durante a vida terrestre.

A triplicidade da alma

Não obstante, as coisas não são tão simples. A alma não é a pura e inocente vítima do corpo, porquanto ela insere em si desejos sensíveis, inferiores, e parece poder conservá-los depois da morte do corpo, o que precipita sua queda para outro corpo. Logo, a própria alma é heterogênea. É isso que me faz pensar a experiência já várias vezes encontrada do conflito entre um desejo e uma vontade oposta que se louva na razão. Isto mostra que a alma é de certo modo constituída de três partes. Por certo é possível atribuir essa divisão à união da alma com o corpo e à influência deste último sobre ela, como o faz Descartes e também às vezes Platão, que tende porém a inverter a relação: é porque é múltipla, porque algo nela a atrai para o sensível, que a alma pode encarnar-se.

A alma compõe-se portanto de três instâncias: o intelecto, ou a razão; o coração, ou parte irascível, ou seja, que pode irar-se e que é aproximadamente o que os modernos denominam a vontade; enfim, a parte concupiscível, ou desejosa, sede dos apetites inferiores. Essas três partes têm seu homólogo na estrutura do corpo humano: o intelecto na cabeça, a vontade no coração, os desejos no baixo-ventre. Ademais, Platão fornece uma imagem da alma no mito da parelha de cavalos alados do *Fedro*: a alma é semelhante a um carro dirigido por um cocheiro (a razão) e puxado por dois cavalos, um branco e obediente (a vontade), o outro negro e mau, que só quer seguir sua cabeça e se precipita para todos os prazeres baixos e vis (os desejos inferiores). Com efeito, as almas se distinguem conforme a parte que domina. A alma bem estruturada deve ser dirigida pela razão, com a ajuda da vontade.

A teoria clássica das paixões

Mas, se a razão é fraca, ignorante, timorata, a anarquia instala-se na alma. As partes inferiores subvertem o poder do intelecto e o confiscam em proveito delas. A alma fica então apaixonada, o que é como uma doença nela. É isso o que se poderia designar a "teoria clássica" das paixões.

Quando é o "coração", ou seja, a vontade, que é o mais forte, a alma é invadida pela ambição, pela vaidade, pelo desejo de glória, pelo gosto do poder e das honrarias. Reencontramos o desejo de reconhecimento, que é sobretudo determinante para esse tipo psicológico. Quando é a parte concupiscível que domina, isso pode ocasionar diferentes paixões, conforme o gênero de desejo particularmente desenvolvido. Por natureza, os apetites visam à nutrição, à conservação e à reprodução do nosso ser. Essas diferentes tendências, se não são juguladas e controladas por uma instância superior, como a razão ou a vontade, que as subordina a fins mais elevados, podem ocasionar diversos exageros passionais; a necessidade de nutrição se torna gula, mas também desejo de riqueza e avareza, se ela se junta ao instinto de conservação; o desejo sexual se torna sensualidade, gosto de fruições sempre novas, até a luxúria e a depravação; mas tudo isso pode ser limitado pelo instinto de conservação, que produz o sentimento de medo, a covardia e a submissão, a menos que esses diferentes desejos sejam exaltados por uma vontade forte, embora submissa aos apetites inferiores, tornando-se serva deles. Rica e sutil antropologia a de Platão, que, mediante essas combinatórias, pôde explicar bem os diferentes tipos humanos e que possui uma aplicação fundamental na área política; pois, contrariamente às utopias ocas, a política de Platão é fundamentada na psicologia real dos homens, mas sua exposição ultrapassa o âmbito desta obra.

A justiça na alma

Falta-nos examinar o que deve ser uma alma bem organizada. Nela a razão deve ser forte o bastante para comandar; a vontade deve obedecer-lhe e ajudá-la a dominar os desejos inferiores: então a intemperança é substituída pela temperança, ou seja, pelo domínio dos apetites; a temeridade louca e inconsciente da vontade privada de razão se torna coragem lúcida; a loucura é substituída pela sabedoria; o conjunto destas três virtudes – sabedoria, coragem, temperança – apropriadas para cada uma das partes da alma – intelecto, coração, desejos – constitui a justiça, que é como que a soma dessas virtudes específicas, ou a resultante dessa hierarquia certa na alma. Vemos que Platão fornece uma definição original da justiça: antes de estar nos atos, é primeiro toda interior à alma; mas é que somente uma alma justa poderá ser sempre justa em suas ações exteriores, pois não será agressiva ou invejosa do bem alheio. Ademais, apenas uma alma assim equilibrada, capaz de dominar seus impulsos, seus apetites, e de conduzir-se bem na vida, poderá evitar a desdita da inflação dos desejos e orientar-se para as atividades de contemplação intelectual que proporcionam a verdadeira felicidade.

A desigualdade das almas

Entretanto, vemos que a doutrina de Platão é um tanto fatalista e elitista. Com efeito, que é que faz que uma alma possua uma razão e uma vontade fortes, senão um dom da Natureza? Platão ilustra isso com um mito em *A República*: todos os homens são filhos da Terra; uns nascem com uma alma de ouro (sensata), os outros com uma alma de prata (voluntariosa, corajosa), outros enfim com uma alma de ferro (desejosa); e isto não é de modo algum hereditário: o filho de um homem inteligente e virtuoso pode muito bem ser um patife estúpido, o filho de um casal tolo, ignaro e depravado pode revelar-se cheio de qualidades. É um profundo mistério a origem dos caracteres, mistério que o conhecimento humano é impotente para desvelar. Dizendo isto, Platão é infinitamente mais sábio e moderado do que nossos modernos, que afirmam peremptoriamente – e baseados em que provas? – que todas as crianças são iguais em capacidades e em qualidades no nascimento. Isto, é claro, com objetivos ideológicos evidentes. Primeiro afirmaram que é a educação escolar, e apenas ela, que modela os indivíduos e que, se déssemos o mesmo ensino a todos, isso suprimiria as diferenças de classes sociais. O fracasso manifesto desse programa, aliás simpático e generoso, torna evidente o erro de seu pressuposto básico. A educação dos pais parece em geral ser mais fundamental, mas poder-se-á afirmar que ela faz tudo? Para explicar que duas crianças de um mesmo meio, ou de uma mesma família, tenham atitudes morais ou intelectuais tão diferentes, os psicólogos precisam invocar minúsculos fatores afetivos que teriam assim efeitos gigantescos, desproporcionais. Ora, vê-se bem que já no nascimento há crianças que vivem chorando e outras que vivem contentes, quando são igualmente amadas e bem cuidadas. Por que não reconhecer como Platão que há diferentes naturezas de almas, variedade cuja origem continua-nos misteriosa e não reside unicamente na educação?

Nem por isso Platão desdenha a importância da educação. Pois, se é preciso que uma alma seja bem dotada pela Natureza, é preciso também completar seus dons com uma educação cuidadosa, que esclareça a razão, ensine a disciplina interior. Com efeito, um indivíduo dotado de uma inteligência viva e de certa coragem, mas cujo espírito fosse deixado inculto, ou mal orientado, segundo princípios especiosos, poria todo o seu talento a serviço de suas inclinações mais vis: prazeres, dominação, riqueza. É esse realmente o caso dos sofistas e dos jovens aristocratas arrogantes que são seus discípulos. Se apenas uma alma bem nascida é capaz de justiça e de sabedoria, portanto de aproximar-se da felicidade, ela também é capaz dos maiores crimes, das maiores patifarias. Ela é muito mais perigosa do que as almas fracas e temerosas, medíocres em todas as coisas, tanto no bem como no mal.

Os erros do amor

Não obstante, Platão temporiza um pouco sua doutrina da triplicidade da alma e as conseqüências deploráveis, de um elitismo rígido, que ela pode ter. Dizer que a alma é composta de três partes é sem dúvida excessivo e equivale a deixar-se enganar pelas armadilhas da linguagem. A alma não é uma junção de três entidades heterogêneas, mas, antes, possui três dimensões, três direções, a partir de uma unidade fundamental. De fato, poderíamos dizer que a alma é inteira desejo, pois mesmo a razão é uma forma de desejo: desejo de absoluto, de eternidade, de contemplação das Idéias; e a vontade é em sua essência desejo do Bem, mesmo que possa ludibriar-se sobre o que é verdadeiramente o Bem. E já compreendemos que todo desejo humano é, em sua verdade profunda, desejo de ideal e de perfeição. Logo, os apetites inferiores da alma não são essencialmente outra coisa senão o desejo que anima a razão. Mas constituem contudo uma espécie de erro. Meu desejo de absoluto se engana e investe-se no sensível. Creio descobrir a encarnação da beleza perfeita numa mulher e começo a adorá-la. Na verdade, só amo as coisas sensíveis porque acredito encontrar nelas o ideal, que é o único objeto de meu verdadeiro amor. Todo amor é portanto um qüiproquó: amo um ser em vez e no lugar de uma idéia. A teoria platônica do amor é assim um pouco melancólica: a maior parte dos amores humanos são fundados em ilusões. Não amo verdadeiramente o ser que creio amar.

Além disso, fica evidente que, se me iludo, se procuro o Uno no múltiplo, o eterno no temporal, o puro no mesclado, o inteligível no sensível, o infinito no finito, vou necessariamente ser condenado à decepção. É por isso que os objetos de meu amor nunca cumprem suas promessas nem me proporcionam a satisfação completa que eu esperava. Mas a culpa disso compete a mim e não a eles. Sou eu que me engano, amo aparências, e não as realidades verdadeiras, e peço-lhes o que elas não podem dar-me. Apenas o absoluto, o infinito, o perfeito pode matar-me a sede, encher o abismo sem fundo de meu desejo.

O absoluto: o Bem ou Deus

Os cristãos retomam a teoria de Platão, mas fazem do absoluto uma pessoa, um ser que se dirige aos homens e diz "eu". Enquanto, para Platão, o mundo das idéias é um conjunto impessoal, para os monoteístas ele repousa por inteiro num espírito que pensa a si mesmo, possui uma vontade e um poder criador, Deus. Eis a diferença essencial entre essas duas concepções, a partir da qual os doutores da Igreja católica retomarão o pensamento platônico, por exemplo com Santo Agostinho, assim como os do pensamento judaico, com Maimônides ou Leão, o Hebreu. É nesse sentido que se pode interpretar estas palavras de Cristo:

> *Vinde a mim, vós que tendes sede, pois vossa sede será estancada;*
>
> *Vinde a mim, vós que tendes fome, pois vossa fome será saciada.*

O absoluto pode preencher os desejos humanos, e apenas ele o pode. Mas os homens se enganam comumente e procuram sua satisfação nas coisas finitas. Platão dá mesmo um exemplo engraçado que mostra que também os animais participam dessa lógica. Com efeito, como todo ser temporal, eles desejam a eternidade. Mas como obtê-la no seio do sensível, já que não podem alçar-se acima deste mundo? A solução é justamente a reprodução. Cada vivente procura reproduzir-se, o que é para ele uma maneira de perdurar mais, de contornar a lei do sensível, que é a usura do tempo, a dissolução e a morte. É por isso que a reprodução é a grande questão de todos os viventes, e o homem, conscientemente ou não, não escapa a essa regra. Assim também, a arte é uma tentativa para desafiar o escoamento das coisas. E essas duas atividades de geração se operam aliás sob a égide da beleza, pois ela nos proporciona como que a imagem visível da perfeição, que o ser eterno é o único a possuir verdadeiramente.

A elevação pelo amor

Num sentido, o desejo me ludibria e me perde, uma vez que me puxa para baixo, desvia-me do verdadeiro bem e da verdadeira felicidade e faz-me acreditar que os encontro nas aparências enganadoras, em subseres mesquinhos e vis. Mas o desejo contém em si uma potencialidade de salvação de minha alma, de redenção, desde que ele opere uma conversão para o ser autêntico, que é ao mesmo tempo sua origem verdadeira, ou seja, que se desvie do sensível para só olhar para o ideal. E isto efetua-se pelo amor à beleza, que é justamente o objeto desejado pela maioria dos homens. De fato, a beleza é a única Idéia visível, diferentemente do Bem ou da Justiça. É por isso que todos os homens, mesmo os mais grosseiros, os que só pensam de acordo com o que vêem e sentem, amam a Beleza, ao passo que o Bem e a Justiça encontram menos seguidores, e somente entre aqueles cujo intelecto se alça à consideração das coisas espirituais. Ademais, o amor pode conhecer uma elevação a partir de seu aspecto imediato, puramente carnal, para tornar-se cada vez mais espiritual. Esse progresso de e pelo amor possui, pois, seu ponto inicial em sua forma mais comum, e acha-se portanto de direito oferecido a todos os homens. Platão aqui parece renunciar um tanto a seu habitual pessimismo elitista. Coloca essa teoria na boca de Sócrates, em *O banquete*, quando este declara que relata o discurso que lhe fez Diotima, parteira e mulher sábia, para instruí-lo sobre as coisas do amor[4]. Ela resume assim suas palavras:

> *O verdadeiro caminho do amor é partir das belezas sensíveis e subir continuamente para essa beleza sobrenatural, passando como que por degraus de um belo corpo para dois, de dois para todos, depois dos belos corpos para as belas ações, depois das belas ações para as belas ciências, para chegar à [...] ciência da beleza absoluta e para conhecer afinal o belo tal como ele é em si.*

---

4. 201d-212b e sobretudo a partir de 210b. Já vimos alguns elementos desse discurso, parte II, sobre a infelicidade do desejo.

Diotima distingue em toda a análise que precede este texto até seis etapas diferentes do amor:
1. O amor por um belo corpo. É por aí que todos começam. O amor nasce um dia na alma adolescente porque a beleza de um corpo a seduz e a perturba de modo especial. E que emoções, que transportes, que loucuras isso não suscita! Mas não se deve ficar aí, e deve-se passar para:
2. O amor pelos belos corpos. De fato, seria estúpido persistir a amar um único ser por sua beleza, enquanto tantos outros possuem uma beleza similar, ou complementar. Se se ama um corpo por sua beleza, convém amar igualmente todos os belos corpos. Mas deve-se em seguida chegar a:
3. O amor pelas belas almas. Com efeito, qualquer um que viveu um pouco sabe que o amor a um ser cujo corpo é particularmente belo não basta para deixá-lo feliz. É possível que sua alma seja mesquinha, desagradável, até mesmo maldosa, ou infiel e enganadora, e faça-nos assim sofrer. Com essas experiências amargas, aprende-se que a beleza da alma possui maior importância. Aliás, a simpatia, os sentimentos calorosos ou a inteligência, a vivacidade podem vir transfigurar um físico imperfeito ou ingrato. Essa animação do corpo pelo espírito chama-se encanto, que não podemos confundir com a simples beleza plástica. Além disso, uma forte e rica personalidade provoca em geral um amor mais autêntico e mais profundo do que uma beleza física que esconde mal um caráter oco ou insípido, que em geral não desperta nada mais senão desejo efêmero. Pode-se também amar numa alma sua sensibilidade, tal como ela se exprime em suas produções artísticas. Através das obras de arte, dos poemas ou das músicas, que provocam em nós emoções, é a alma do artista que admiramos. Enfim, o que mais importa numa alma, e que se deveria amar antes de qualquer outra coisa, é sua bondade, sua coragem, sua honestidade, sua virtude. Isto nos leva a:
4. O amor pelas belas ações, nas quais se manifestam essas qualidades. De fato, os humanos costumam votar um cul-

to aos heróis, aos seres particularmente corajosos e morais. Devem-se também amar as leis justas e aqueles que as proporcionam a uma cidade, os grandes políticos, legisladores e construtores de sociedade. Tudo isso redunda em:

5. O amor pelas belas ciências. Com efeito, para agir bem, deve-se primeiro saber, saber o que é o mundo e sobretudo saber o que é justo. Saber teórico e saber prático, do ser e do dever-ser: ciência e sabedoria. Portanto, convém admirar não os homens que às vezes praticam o bem, como que por inadvertência, mas aqueles que o praticarão sempre, porque sabem em que ele consiste e como realizá-lo no mundo: os grandes sábios e os grandes cientistas. E a ciência que reúne todas as ciências, que combina saber e sabedoria, que é a um só tempo teórica e prática, é a filosofia. Eis o mais belo discurso e a atividade da mais bela alma. E, de tanto filosofar, chegarei a:

6. O amor pela Idéia da beleza. Com efeito, a filosofia é a ciência das essências. Ela ensina-me a pensar e a reconhecer as essências comuns a diferentes seres. Ora, se meu espírito se eleva suficientemente, descubro que nunca amei senão a única e idêntica beleza através de todas as suas manifestações terrestres: corpos, almas, discursos, ações, leis, ciências. O que amo portanto é a própria beleza, toda pura, perfeita.

Mas podemos ainda distinguir junto com Platão duas etapas suplementares de elevação do amor, que o discurso de Diotima não menciona:

7. O amor pelas Idéias, por todas as Idéias, e não somente da beleza.

8. O amor pela Idéia do Bem, porque o Bem é a mais elevada das Idéias, a fonte de todo ser. De fato, a única resposta última que seja possível à pergunta: "Por que alguma coisa existe?" é: "Porque é bem." E a beleza só nos atrai e só nos seduz porque é a imagem visível dessa absoluta perfeição que é o Bem.

Assim, se o desejo pode perder-me, entregando-me às mais loucas paixões, ao vício e à infelicidade, ele pode também salvar-me com a condição de que se eleve gradualmente a objetos cada vez mais nobres.

Almas nobres ou vis

Mas é forçoso constatar que essa evolução não é o quinhão de todos os humanos. Certas almas ficam bloqueadas em fases inferiores de desenvolvimento e nelas se comprazem. Podemos perguntar-nos qual é o mecanismo de elevação da alma. Sem dúvida poderíamos invocar a insatisfação, da mesma forma que Freud apresentava a repressão como motor da sublimação, segundo um esquema explicativo materialista, do superior pelo inferior[5]. Como o amor pelos belos corpos, ou mesmo pelas belas almas, não me proporciona a satisfação esperada, a decepção faz meu desejo incidir sobre um objeto mais elevado. Mas por que a decepção é criadora e sublimadora em algumas pessoas e não em outras? Platão dá de novo uma explicação mediante a desigualdade natural das almas no mito da parelha de cavalos alados do *Fedro*. As almas cujo cocheiro é hábil e o cavalo branco robusto, que conseguem assim domar o cavalo vicioso, podem, por ocasião de sua vida pré-empírica, antes desta existência terrestre, elevar-se à abóbada do céu para contemplar as Idéias que se encontram no além e saciar-se com a visão delas, o que não podem fazer as almas dominadas por seu cavalo negro, por seus desejos inferiores, que se arrojam aos objetos mais vis. Apenas as primeiras almas, quando reparam na beleza por ocasião de sua existência encarnada, sentem reminiscências que rasgam o véu de esquecimento imposto pelo nascimento. Essa beleza terrestre as faz pressentir algu-

---

5. Cf. parte IV, A sublimação do desejo.

ma coisa da beleza ideal e do Bem perfeito. Daí a emoção que as assalta, os transes em que elas caem. É como se asas as impelissem de novo, diz de um modo bonito Platão, que nos oferece nessas páginas do *Fedro* a mais bela descrição jamais feita do estado amoroso. Nestas almas, e apenas nelas, o amor desperta os desejos mais nobres, a vontade de elevar-se para merecer o amor como resposta, ao passo que em outras ele só suscita apetites grosseiros. Para certos seres, vale a explicação idealista: os que contemplaram uma vez as idéias, estes ficarão sujeitos, por ocasião de suas experiências terrestres, a reminiscências. O absoluto, uma vez aproximado, atrai-nos para sempre como um ímã, para além da queda que a encarnação constitui, mas para cada ser com uma intensidade diferente, consoante a duração e a qualidade da sua primeira visão das Idéias. Na verdade, não há homens que não tenham contemplado um pouco que seja as Idéias, senão não seriam espíritos humanos capazes de pensar, mas almas animais. No entanto, deve-se mesmo reconhecer que o dom de pensar, como o gosto pelo bem e pela elevação da alma, é partilhado com muita desigualdade. O mito da parelha de cavalos alados atém-se a expor o fato da desigualdade natural das almas, fato cuja razão de ser, como dissemos, permanece um insondável mistério.

Vida mista e prazeres impuros

No entanto, podemos ainda perguntar-nos se as coisas se passam mesmo como o descreve Diotima em seu discurso de *O banquete*, se o acesso ao amor mais nobre suprime mesmo o desejo inferior. Parece de fato que não, quando consultamos nossas existências empíricas. Posso ser um intelectual, apreciar alegrias artísticas e espirituais, e no entanto ter desejos carnais, contrariamente a uma concepção simplista da sublimação, que encontramos até em Freud. A diferença será que os desejos mais corporais não serão os únicos a guiar-me a conduta, nem os mais poderosos. Mas ainda assim subsistirão, enquanto eu levar esta existência encarnada. Uma vez que sou um ser misto, a um só tempo corpo e alma, e a própria alma impura e mesclada, só posso levar uma vida mista, e não uma existência de puro espírito. É isso que Platão vem a pensar, com certa melancolia, naquele que talvez seja seu último diálogo, o *Filebo*. Pergunta-se se uma vida mista permite atingir a felicidade ou se esta é reservada às almas libertas do corpo. Um ser misto como nós não pode saborear plenamente os prazeres puros da contemplação intelectual. Só tem acesso a prazeres impuros, ou ainda mistos, espirituais e carnais a um só tempo. Estes, corretamente regrados, segundo as normas de sabedoria e de temperança que já examinamos, devem permitir uma espécie de felicidade mista, que por certo não é a felicidade absoluta, mas que talvez seja o que podemos atingir de melhor nesta vida. Tal é a conclusão um tanto vaga e decepcionante a que chega Platão, mas que felizmente vamos poder ultrapassar com a ajuda do pensamento de seu discípulo, Aristóteles.

V
A SABEDORIA SUPREMA

A atividade da felicidade (segundo Aristóteles)

A felicidade, o estado de satisfação total de meus desejos, continua mesmo assim a parecer-me inacessível. As diferentes sabedorias ensinam-me que não devo tentar satisfazer todos os meus desejos tais como os sinto espontaneamente, mas que preciso efetuar um esforço sobre mim mesmo para eliminar alguns deles. No entanto, não devo eliminar todos os meus desejos, como o preconizam os budistas, pois me limitaria a escapar à infelicidade e não alcançaria uma felicidade positiva; ademais, pagaria isso à custa do aniquilamento de meu ser, o que não é uma solução invejável. Por outro lado, as contínuas privações, os constantes esforços sobre mim mesmo preconizados pelos estóicos e cartesianos parecem-me antes penosos do que agradáveis. O contentamento com minha própria virtude não parece ser a verdadeira felicidade. Devo, ao contrário, esperar da cultura uma certa elevação de meus desejos. A experiência da vida deve ensinar-me que os verdadeiros objetos de meu desejo não são os que eu acreditava ser, por exemplo, a posse das riquezas, das belas coisas e dos belos corpos, que são os desejos imediatos da maior parte dos humanos. Platão sugere que à medida que minha alma for elevando-se para desejos mais nobres ela se aproximará de satisfações mais autênticas e menos decepcionantes, portanto da felicidade. Mas, uma vez que sou um ente duplo, a um só tempo carnal e espiritual, parece mesmo que a verdadeira felicidade da pura vida contemplativa não é acessível para mim já neste mundo. Terei de esperar a separação da alma e do corpo para experimentá-la, ou seja, a morte, desde que eu tenha realizado esforços ascéticos suficientes nesta vida para purificar e elevar minha alma. O balanço de minhas reflexões é bastante sombrio quanto à possibilidade de conhecer a felicidade desde agora.

O erro das definições anteriores da felicidade

Não obstante, não haveria um erro fundamental que eu teria cometido e que comprometeria a descoberta de uma solução? Com efeito, defini logo de saída a felicidade como o estado de satisfação de todos os desejos. Essa é a concepção que todos fazem, o homem comum bem como grande número de filósofos. Mas, mesmo quando um estado assim for acessível ao homem, seja que ele tenha a potência de saciar todos os seus desejos, seja que os modifique suficientemente para torná-los fáceis de satisfazer, o homem poderá viver nesse estado? Poderá permanecer em tal estado? Nele não ficaria reduzido a uma inação incompatível com a qualidade do ser vivo? De fato, aquele cujos desejos todos estão satisfeitos não pode em nenhuma hipótese agir, uma vez que nada mais tem para obter. É portanto um estado limite, que contradiz a possibilidade da vida. E, embora confine com a morte, também não é compatível com ela, pois, se examinamos uma morte verdadeira, total, definitiva, que não seja somente a do corpo, mas também a do espírito, fica evidente que nela nada mais há para experimentar. Minha felicidade já não tem, pois, nenhum sentido. Nem o prazer, nem sequer o eu, é pensável nela.

Isso que procuro, e todos os outros homens comigo, a felicidade, é portanto rigorosamente impossível. Ou então, reside noutra coisa que não um estado contínuo de satisfação, e fiz uma idéia errada dela, à imitação dos outros e de alguns filósofos. É o que afirma Aristóteles: o homem é um ser vivo, necessariamente ativo; sua felicidade, se ele é capaz de ter acesso a ela, não pode consistir num estado passivo.

A felicidade na atividade conforme à minha natureza

Portanto, a verdadeira felicidade deve encontrar-se numa certa atividade. Se, é claro, existir a felicidade. Mas qual atividade? Uma atividade que seja a finalidade do homem, ou seja, sua meta, seu objetivo, que seja a realização de sua natureza, ou ainda a consumação de sua essência, daquilo que define o essencial de seu ser. Ser feliz seria, portanto, viver em conformidade com a natureza pessoal, ou no desenvolvimento progressivo do ser.

Mas qual é a natureza do homem? Não é essencialmente a de agir, nem a de desejar, pois isso os animais também o fazem, responde Aristóteles. A natureza do homem deve residir naquilo que é a peculiaridade do homem, naquilo que é o único a possuir. Ora, o que é a peculiaridade do homem é pensar. Apenas ele o pode. A natureza humana é, pois, ser pensante. Já havíamos visto com Descartes[1] que o homem se caracteriza essencialmente por seu espírito.

Realização da natureza pensante do homem

Cumpre, é claro, especificar o que Aristóteles entende por pensar. Pois ter representações ou projetos na mente, por exemplo, a idéia: "Quero comer maçãs", bem parece que disso os animais também são capazes. Há, claro, Descartes e certos biólogos contemporâneos que sustentam que os animais

---

1. Parte II, "O domínio das paixões da alma".

não têm na cabeça nenhuma idéia geral, tal como "maçã" ou "comer" e que não pensam estritamente nada, mas atêm-se a reagir de forma puramente mecânica a estímulos; não obstante, isso nos arrastaria a outro debate. Contudo, embora aparentemente se deva conceder uma forma de pensamento elementar aos animais, há que reconhecer que há pensamento e pensamento, ou seja, que existem vários níveis de pensamento. Com efeito, uma coisa é ter sensações ou sentir vontades, outra é ter consciência dessas sensações e dessas vontades, portanto de si mesmo. E, acima da simples consciência de si, situam-se a reflexão, o raciocínio lógico, o cálculo e a dedução para resolver problemas. Mais além ainda, encontram-se a teorização, a tentativa de representar-se e de compreender o mundo. Se essa tentativa só concerne a uma porção do universo, trata-se de uma ciência particular. Se abrange a totalidade do que existe, ela é filosofia. Portanto esta é o produto da mais alta forma do pensamento, o pensamento contemplativo, ou ainda teorético, como dizem de acordo com o grego. Ora, formular-se perguntas sobre o mundo, emitir teorias que explicam as coisas, elaborar ciências e filosofar, manifestamente só os homens é que o fazem. Mesmo que, há umas dezenas de anos, batalhões de cientistas estudem a linguagem animal, nunca se decifrou nada parecido entre os poucos sinais que enviam uns aos outros.

Portanto pensar é uma atividade complexa, suscetível de múltiplos níveis. E, embora as formas mais elementares do pensamento talvez sejam compartilhadas por outros seres, o homem é o único capaz de desenvolver as mais elevadas formas da reflexão. Quanto ao mais, há apenas um vivente dentre os outros, um animal, que se parece muito com seus primos primatas. Os biólogos estabeleceram que só havia dois por cento de diferença genética entre o homem e certas espécies de macacos. Mas que abismo de diferença cultural o separa deles, através de sua linguagem elaborada e de suas invenções técnicas, científicas, artísticas, morais, políticas, todas devidas às suas capacidades intelectuais! O homem é um animal biologicamente bastante semelhante a muitos outros, que como ele possuem coração, fígado, pulmões, sistema nervoso, cabeça, olhos, membros etc. Mas é um animal racional, diziam os gregos. O pensamento racional o distingue de todos os outros seres vivos na face da terra.

No entanto, o pensamento é a natureza do homem de um modo bastante estranho. De fato, o homem não é espontânea e imediatamente, portanto por natureza, racional. É somente capaz de tornar-se tal. Só é racional em potência, e não em ato, para usar essa distinção conceptual cara a Aristóteles. A natureza do homem é, pois, a de ser um animal potencialmente racional[2], suscetível de tornar-se racional, desde que se cultive, que faça esforços para exercitar e desenvolver seu pensamento. O homem é o ser que não é imediatamente, por nascimento, o que deve ser, mas quem tem de tornar-se tal. O homem sente pesar sobre ele uma obrigação, um dever-ser: deve realizar sua natureza, tornar-se em ato o que de início é somente em potência. Nem a montanha nem o gato sentem pesar sobre eles tais coerções; são tais como a Natureza os produziu, têm sua natureza própria já realizada, atualizada, por inteiro, e não têm de realizar nenhum esforço para tornar-se ainda mais um gato ou uma montanha. Aliás, nem sequer pensam nisso e não se formulam nenhuma questão sobre sua identidade ou sobre seus deveres. Que tranqüilidade de espírito! Mas isso é muito mais ausência total de espírito! Apenas o homem é espírito, pensamento, consciência de si. E é consciente de que não é imediatamente tal como deveria ser, que deve tornar-se diferente do que é, que deve tornar-se mais humano: justo, moral, sensato e racional.

---

2. Aristóteles não diz exatamente isso. Para ele, a natureza de um ser é sempre da ordem do ato, não da potência. Permiti-me simplificar um pouco seu pensamento para evitar entrar em pormenores árduos demais.

A alegria do conhecimento

Portanto, podemos sustentar com todo o direito que o pensamento é a atividade essencial e a natureza do homem. De fato, quando me dedico a ela, tenho bem o sentimento de desenvolver-me em conformidade com minha natureza e de levar uma vida digna de um ser humano. Certo prazer vem acompanhar a atividade de conhecimento, sobretudo quando ela alcança seu objetivo, por exemplo, quando encontro a solução de um problema, quando compreendo algo novo. Com efeito, o conhecimento vem preencher um desejo fundamental do homem. "Todos os homens desejam naturalmente saber", escreve Aristóteles na primeira linha de sua obra sobre a "filosofia primeira", que a tradição denominará *Metafísica*. Aristóteles quer como prova disso o prazer que todos sentem ao exercitar os sentidos, os olhos e os ouvidos para descobrir o mundo. Podemos ao menos verificar isso no tocante às crianças de nossos dias: elas fazem muitas perguntas, notadamente perguntas metafísicas: "De onde venho, como nasceu a primeira mãe, de onde vem o mundo, para onde ele vai?" O "desejo natural" que Aristóteles invoca é ao menos verdadeiro se o compreendemos como "nativo". Mas poderíamos acrescentar que as crianças, de tanto não receber nenhuma resposta, afora uns "vai ver sua mãe, estou trabalhando" irritados, acabam por compreender que tais questões estão deslocadas e param de pensar nelas. A inteligência delas então se fecha como a concha de uma ostra e elas estão prontinhas para tornar-se adultos estúpidos e disciplinados, obedientes aos ditames da sociedade de consumo. Visto que a escola a maior parte das vezes as faz compreender bem que o saber essencial é o saber matemático, ou seja, o saber de nada, ou de um universo puramente formal, e que o saber não tem portanto estritamente nenhum interesse, a não ser o de manifestar que se é obediente e se aprendem bem as lições... Só permanecem então, como resíduos desse interesse natural pelo saber, a curiosidade mesquinha pelas brigas dos vizinhos, pelos acidentes do bairro ou pelos detalhes picantes da vida privada dos artistas de cinema.

Prazer efêmero e satisfação profunda

Contra essa decadência do pensamento humano, cumpre afirmar que o conhecimento é fonte de verdadeiro prazer. Mas não é o acúmulo desses prazeres que constitui a felicidade, contrariamente à concepção geral. Com efeito, tais prazeres são necessariamente passageiros, efêmeros, e não se pode viver perpetuamente num estado de prazer intenso. A felicidade provém de uma satisfação mais profunda, mais subterrânea, e como que secreta, que não exclui a dificuldade de certos esforços, o sofrimento das preocupações e das lutas inerentes à condição humana. A felicidade reside no sentimento de que eu estou avançando na direção certa, que obro para o bem, que desenvolvo meu ser em conformidade com sua essência. Às vezes o prazer vem juntar-se a isso, quando minha atividade rende algum sucesso, mas é apenas um acompanhamento, não é nem o objetivo da ação nem o componente essencial da felicidade. A lógica corrente supõe que eu ajo sempre visando a um prazer, que esse prazer é o único objetivo, a única motivação de minha ação e que é o elemento constituinte de minha felicidade. Ora, isso é um erro profundo (igual ao que consiste em identificar a felicidade a um estado, quando ela é uma atividade). Se comporto-me assim, malogro em encontrar a felicidade. Ao contrário, preciso agir, desenvolver meu espírito, porque é certo, porque é meu dever-ser, a realização de minha essência. Somente então experimentarei essa satisfação, essa concordância íntima entre meu ser e minha ação, entre minha existência e minha essência, que é a felicidade. E o prazer virá como complemento iluminar algumas de minhas horas com seu leve toque alado, como um gracioso suplemento.

Um certo elitismo

Não obstante, poder-se-ia objetar a Aristóteles que o prazer do conhecimento não é do feitio de todos os humanos. Nem todos são igualmente racionais. É claro que muitos dentre eles não têm muito prazer em aprender, em adquirir conhecimentos. Vemo-los sofrer e quase morrer de tédio ao longo de todos os estudos que nosso mundo teima em impor-lhes, quando outros se apaixonam e se alegram, mesmo que a escola nem sempre seja bem organizada. A educação sozinha não pode explicar tamanhas diferenças. Aristóteles, que começa postulando que a felicidade deveria ser de direito acessível a todos os homens, acrescenta porém esta reserva cruel: "Salvo àqueles que são abortos muito raquíticos para alcançar a virtude"[3]. Só que, reconhece Aristóteles noutras passagens, é a grande maioria dos homens que é dirigida pelas paixões e indiferente à racionalidade, assim como a maior parte dos homens respeita as leis apenas por temor dos castigos (medo que é mesmo uma paixão) e não por amor à justiça. Uma boa educação decerto pode melhorar um pouco as coisas, mas não transformar radicalmente a realidade humana[4]. Aristóteles adota uma posição mediana entre duas concepções opostas. De um lado, os partidários da tradição aristocrática, que pensam que o valor é hereditário e que apenas o descendente de boa família pode tornar-se um homem de bem. Do outro lado, os novos pensadores que apareceram ao mesmo tempo que a sociedade democrática na Grécia, os sofistas, que afirmam que a instrução é tudo: de qualquer um, a escola pode fazer um homem consumado – mas sabemos o que entendem com isso! Aristóteles, por sua vez, pensa que a educação moral e a instrução intelectual, por sinal indispensáveis, só podem ter sucesso se aperfeiçoam disposi-

---

3. *Éthique à Nicomaque*, 1099 b 19.
4. *Ibid.*, livro X, cap. X.

ções naturais. Esses dons da natureza não parecem de modo algum ser hereditários. Receber por nascimento uma certa nobreza de caráter é uma possibilidade cuja origem permanece misteriosa, mas que nos permite pertencer a uma verdadeira elite. Assim, Aristóteles chega a afirmar que a felicidade só pode caber a uma minoria de seres humanos, os que sentem alegria em exercitar sua razão e tiveram além disso a boa sorte de receber uma educação que lhes permitiu desenvolver esse gosto! No fundo, se para essa concepção o homem é essencialmente um espírito, apenas uma pequena elite realiza efetivamente a natureza humana. Os outros homens não passam, em sua grande maioria, de esboços de homens. Tais discursos podem parecer hoje muito escandalosos...

A escravidão

Ademais, Aristóteles entrevê toda uma série de condições políticas para a felicidade. É impossível ser feliz, segundo ele, se não se é livre, se se é impedido de dedicar-se a uma atividade verdadeiramente humana. Esse é o caso daqueles que realizam uma atividade sob a coerção da necessidade, aqueles que devem trabalhar para viver. Os trabalhadores, os artesãos, os escravos não podem alcançar a felicidade. Para que uns homens possam experimentá-la, cumpre pois que sua subsistência seja garantida por outros que são coagidos ao trabalho. Uma forma de escravidão vaga é necessária. Aristóteles justifica a escravidão por sua antropologia não igualitária: os homens menos consumados não têm direito à liberdade, porque não são capazes de dirigir-se corretamente por si mesmos na vida. Portanto, cumpre coagi-los ao trabalho para que ao menos sejam úteis e não perniciosos. De novo, tais concepções chocam a mentalidade moderna, que sustenta que todos os homens são iguais em direito e em dignidade. Mas não há uma forma semelhante de escravidão no liberalismo, em que todos que têm a sorte de ser possuidores de capital, em geral por herança, são dispensados do trabalho e vivem de rendas tiradas do lucro obtido com a labuta dos outros? Marx denunciou com razão a libertação dos camponeses da servidão, para lhes permitir vir empregar-se como operários nas fábricas, como uma forma mais sutil de escravidão. Os pretensos direitos do homem proclamados pela Revolução Francesa são para ele apenas um embuste destinado a permitir a exploração econômica dos proletários. Todo homem é livre, mas, se não possui fortuna pessoal, deve, para sobreviver, vender sua força de trabalho àquele que a quer e nas condições do mercado. Evidentemente, ele também é livre para recusar e morrer de fome. Bela liberdade! A escravidão dos tempos antigos não desapareceu, somente generalizou-se, cobrindo-se da aparência de liberdade. Por outro lado, há que reconhecer que a escravidão permitiu os progressos espirituais da humanidade. Sem ela, não haveria "milagre grego", não haveria invenção das matemáticas, nem do pensamento racional, científico e filosófico, não haveria verdadeiros artistas independentes etc.

De qualquer modo, a afirmação de Aristóteles de que apenas pode ser feliz o homem que é verdadeiramente livre, que pode escolher sem coerção seu modo de vida, parece dificilmente contestável. Pouco importam por ora as condições políticas que isso parece implicar; examinaremos mais adiante se uma sabedoria assim é praticável. Tentemos primeiro saber o que ele pensou, mesmo que isto fira nossas convicções modernas, para ver depois o que convém guardar disso[5].

---

5. Algumas pessoas criticam e rejeitam o pensamento de Aristóteles por sua aceitação da escravidão. Convém não cometer anacronismo: a escravidão é um fato e um direito na sociedade de seu tempo, e o permanecerá ainda durante mais de dois mil anos. Ao contrário, Aristóteles contribui para limitar a escravidão declarando que só é legítima se o ser que lhe é submetido não é racional, portanto é incapaz de autonomia. Basta portanto, para o pensamento moderno, reconhecer que todo homem possui um mínimo de racionalidade, portanto direitos iguais aos dos outros homens, para condenar a escravidão.

Uma vida de homem livre

Que vida deverá escolher um homem livre? Os gregos distinguiam tradicionalmente três respostas possíveis: quer uma vida de fruições, quer uma vida política, quer uma vida de estudos. Aristóteles estigmatiza rapidamente os dois primeiros gêneros de vida. Uma pura vida de fruição convém mais a bichos do que a homens. A vida política situa de fato a felicidade nas honrarias. Ora, isso não é muito aconselhado, pois as honrarias são coisas versáteis, que dependem mais dos outros que de nós. Ademais, procurá-las é prova de fraqueza, pois a pessoa só as busca porque não está certa de seu próprio valor. A vida digna de um homem livre seria antes a vida de estudos. Aliás, o lazer em grego se diz *skholé*, o que dará nossa palavra *escola*. Com efeito, é o homem livre, que tem lazer, que não é um escravo adstrito a tarefas de produção, que vai à escola e se cultiva. Tudo isso deve espantar muito nossos contemporâneos, para quem a escola não passa de uma coerção ou, na melhor das hipóteses, um meio interesseiro...

No entanto, a verdadeira vida feliz não é meramente a vida de estudos. Situa-se bem mais numa síntese dos três gêneros de vida possíveis, que só são maus se escolhemos um deles de modo unilateral. De fato, a vida do pensamento é inseparável de certo número de condições políticas. É preciso que reine a paz, que eu possua uma certa prosperidade e um certo lazer para dedicar-me ao estudo. Ora, essa ordem política favorável não cai do céu, não se realiza sozinha, sem que os homens livres se ocupem pessoalmente dela. A vida humana é portanto indissociável de uma participação política numa comunidade. Não pode ser a de um estrangeiro solitário na terra. O ofício de homem, embora difira das baixas labutas de produção e de todas as profissões particulares, abrange, em compensação, a atividade política. O homem livre se dedica à política. Além disso, na ação, bem como na contemplação, encontra-se a fonte de certos prazeres. Logo, a vida feliz é também uma vida de prazer, ainda que não consista em perseguir uma fruição qualquer.

A magnanimidade

Não obstante, poderíamos inquietarmo-nos com o conjunto das condições necessárias para a felicidade: gosto pela contemplação intelectual, lazer, poder, riqueza etc. Isto não será difícil de obter e de conservar? A felicidade pode ainda ser um estado estável e duradouro se depende de todos esses bens que me podem ser tirados por tantos acontecimentos? Aristóteles nos traz uma resposta: minha felicidade depende essencialmente de uma virtude toda interior, a que ele chama a magnanimidade. Entende com isso uma certa estima de si mesmo, uma consciência do valor pessoal que permite desprezar a fortuna, as honrarias, quando se é privado delas. O magnânimo sabe o que ele vale, e que merece poder e honrarias. Convém, evidentemente, que o indivíduo se julgue lucidamente, pois, se se engana sobre seu valor real, não passa de um imbecil pretensioso. Vemos que Aristóteles se opõe totalmente ao culto da humildade posto em voga por certo cristianismo[6], que faz mesmo do orgulho um pecado. Para Aristóteles, ao contrário, a altivez, a auto-estima, se são fundadas, parecem ser legítimas e benéficas, fazem parte da virtude e da sabedoria. O magnânimo, que é cônscio do seu valor, que sabe portanto que lhe são devidas honrarias, não tem entretanto necessidade delas para ficar contente consigo mesmo, ao inverso do vaidoso, que as pedincha mesmo quando

---

6. Aquele, por exemplo, que Nietzsche fustiga por essa razão, mas que talvez não seja o pensamento autenticamente cristão sobre essa questão. Ver, no capítulo seguinte, as diversas interpretações possíveis do cristianismo, segundo Pascal, Lutero ou Santo Tomás de Aquino.

são imerecidas. E, quando algum revés de fortuna o priva da consideração dos outros homens, possui força suficiente para contentar-se com sua própria virtude e para desprezar as glórias exteriores. Tornamos a encontrar o que Descartes denominava a generosidade. Mas, se Descartes faz dela o princípio essencial da felicidade, Aristóteles a vê mais como um "estepe". O homem, para ser feliz, necessita de certa folga financeira e de lazer para poder dedicar-se à contemplação. Mas, quando há problemas, pode encontrar em sua magnanimidade o que o faz suportar de coração leve as vicissitudes da existência, obtendo um contentamento com sua própria virtude e com sua força de caráter.

Sabedoria e virtude

Para compreender essa idéia, deve-se entrar mais adiante na complexidade do pensamento de Aristóteles. Para ele, a sabedoria ou a virtude no homem é dupla, assim como o homem possui duas dimensões, corporal e espiritual, e dois tipos de vida: a vida prática e a vida teórica, ou contemplativa. Portanto, Aristóteles distingue em grego a *phronésis* e a *sophia*, termos que os tradutores restituem cada qual à sua maneira, o que aumenta ainda mais a confusão e a obscuridade. Digamos, para simplificar, que a *phronésis* é a sabedoria prática do homem na medida em que deve agir e escolher e escolher a ação certa. Chamam-na também de prudência ou de virtude moral (ainda que se possa operar uma distinção entre essas duas noções). Ela consiste em geral em saber escolher o meio exato entre dois extremos, como a verdadeira coragem se situa entre a temeridade louca e a covardia. A *sophia*, por sua vez, é a sabedoria teorética, que ensina ao homem a arte da contemplação do verdadeiro. Estamos vendo que a sabedoria prática é uma sabedoria inferior, auxiliar, que é um meio de dirigir bem a existência, de evitar os dissabores e de obter as condições propícias à contemplação, enquanto a *sophia* é a verdadeira sabedoria, que se identifica com a filosofia e proporciona ao homem a verdadeira felicidade. Não obstante, em certos casos, quando a vida contemplativa está entravada, o homem pode satisfazer-se simplesmente com sua virtude, com sua sabedoria prática. Do ponto de vista aristotélico, o erro da maioria dos pensadores posteriores, como os estóicos ou Descartes, será o de menosprezar a dimensão intelectiva do homem e tomar como auge da sabedoria humana o que não é mais que um meio e uma etapa intermediária, a virtude, a sabedoria prática. Ora, a felicidade suprema não decorre somente da dominação dos desejos e do domínio da vontade, mas requer também a mais elevada das atividades humanas, a contemplação intelectual.

A contemplação metafísica

A contemplação, o conhecimento e a compreensão do mundo se realizam na filosofia, muito particularmente naquilo a que chamarão a metafísica, e que Aristóteles denomina "filosofia primeira", "ciência do ser enquanto ser", "ciência dos primeiros princípios e dos fins últimos", "ciência dos seres mais sublimes". Com efeito, a metafísica deve conseguir apreender o princípio primeiro de todas as coisas e a finalidade que ele introduz no universo. Aristóteles estabelece que há uma causa primeira do mundo, um ser eterno produtor da temporalidade, um ser não gerado, incorruptível, que é puro pensamento, e pensamento de si mesmo, e que convém chamar de Deus, afirmando sua unicidade, ao contrário das religiões politeístas que reinavam de modo exclusivo sobre a sua civilização.

O pensamento das realidades superiores, divinas, e da ordem que elas imprimem no mundo constitui a contemplação suprema e o remate do intelecto humano. Essa contemplação é, para o homem, a ambição de se divinizar, de praticar o ofício de Deus, pois a contemplação é a própria vida do absoluto, que é intelecto puro. Mas tais instantes de iluminação espiritual, portanto de alegria suprema, são necessariamente raros e breves na existência humana, mesmo que a duração imanente deles, a impressão de duração que nos dão, talvez seja muito mais longa do que a medição do tempo objetivo pelos relógios. O homem não é, infelizmente, um puro espírito, mas um ser corporal cujas faculdades se cansam depressa e é continuamente trazido de volta às preocupações baixamente corporais. "Bancar o Deus" é decerto o auge de nossa existência, diz Aristóteles, mas isso é necessariamente efêmero, e temos igualmente de pensar em fazer o nosso ofício de homem, ou seja, em levar nossa vida ativa, nossa vida política, e em exercer nossas virtudes morais.

A vida ideal do homem não poderia consistir numa vida puramente contemplativa, que só conviria a um puro espírito e não a um ser encarnado. A existência humana consumada só pode ser uma vida mista, segundo a fórmula já empregada por Platão, a um só tempo contemplativa e ativa. Mas, embora possamos sentir alguma satisfação pelas virtudes morais que exercemos no seio da vida ativa, esta última não passa de um meio que visa ao verdadeiro objetivo, que é a vida contemplativa, que é a única que pode proporcionar-nos a verdadeira felicidade, conforme à nossa natureza e às aspirações profundas de nosso ser.

O problema da existência de Deus

Chegamos à conclusão de que, para ser feliz, deve-se viver procurando desenvolver o espírito. Mas uma consideração pode vir relativizar essa sabedoria que acabamos de descobrir e até pô-la em perigo. Trata-se precisamente do problema de Deus, que talvez não se reduza a um mero princípio de ordem para contemplar-se, como pensa Aristóteles.

Com efeito, os crentes pensam que Deus formulou exigências morais para os homens e editou regras de conduta. Não será melhor segui-las? Mas tais regras não se oporão à minha felicidade?

No entanto, alguns pensam que Deus fez promessas aos homens que lhe respeitassem a lei. A recompensa deles seria uma felicidade eterna. Em face disso, que pesa minha felicidade aqui na terra, e não deverei preocupar-me acima de tudo com essa esperança religiosa em vez de com minha pequena sabedoria terrestre?

De outro lado, existirá um Deus assim? Poderei sabê-lo? Alguns pensarão que é apenas uma crença estúpida, que deve ser posta no armário das superstições populares. Mas quase todos os homens, de todos os tempos, acreditaram em Deus, ou em deuses. Não houve civilização humana sem crença religiosa, afora a nossa. Só os ocidentais do final do século XX é que se oferecem o luxo de ser majoritariamente ateus, ainda que muitos permaneçam religiosos. Uma idéia compartilhada por tantos homens, alguns dos quais muito inteligentes, não pode ser rejeitada com um piparote ou sob um pretexto fútil. Convém refletir nela ciosamente.

A questão das provas da existência de Deus

Poderei ter uma prova de que Deus existe? A opinião corrente estima que não há prova alguma. Fazendo isso, ela toma sua própria ignorância e incultura por norma da realidade. Pois existem provas racionais da existência de Deus. Pertencem a uma parte da filosofia que pretende ser a ciência do real, a metafísica. Encontram-se prefigurações dessas provas em Aristóteles e em Plotino. Santo Anselmo de Canterbury formula uma no século XI, que se tornará célebre com o nome de "prova ontológica". Santo Tomás de Aquino, no século XIII, elabora cinco delas, Descartes propõe três, Spinoza e Leibniz demonstram também racionalmente a existência de Deus. Evidentemente, conviria examinar detalhadamente essas provas para ver se são válidas, visto que Kant, no século XVIII, elabora na *Crítica da razão pura* uma extraordinária teoria para estabelecer que o conhecimento humano não pode provar a existência de Deus, assim como não pode, aliás, provar sua inexistência. Portanto, cumpriria analisar o pensamento de Kant para saber se tem razão. Tudo isto constituiria uma investigação metafísica que seria interessante realizar, mas que vai a mais além do horizonte desta obra. Trata-se mesmo de uma pesquisa absolutamente fundamental, que é a questão mais importante e a mais urgente que cada homem tenha de resolver, se refletimos bem nisso, porquanto dela depende a direção que daremos à nossa existência e a forma como conduziremos nossa vida. De um modo lógico, há quatro possibilidades, e quatro somente. Ou há uma prova que me deixa absolutamente certo da existência de Deus; ou há uma prova definitiva de sua inexistência; ou é possível estabelecer que não há nenhuma prova válida nem da existência nem da inexistência de Deus, como sustenta Kant; ou então, enfim, nenhuma solução é estabelecida com certeza e permaneceremos na dúvida e na indecisão. E, para cada posição, coloca-se a questão: então, como deverei viver? Sem dirimir esse debate, é permitido fazer algumas observações.

Definições de Deus

Antes de mais nada, convém esclarecer o que se entende por Deus, pois esse não é mais que um nome. Pode-se discutir ao infinito, se não se precisa a idéia que se põe por trás dessa palavra. O conceito mínimo de Deus é o de um princípio das coisas, de uma causa primeira do mundo. Ele é o primeiro ser, incriado, o que quer dizer que ele mesmo não foi criado por um ser anterior; logo, é eterno e criou ou produziu tudo o que existe, todo o universo. Possui, assim, uma potência criadora colossal, e poderemos perguntar-nos se não é uma potência infinita, uma onipotência. O conceito mais tradicional de Deus é de fato o de um ser criador infinito e onipotente. Mas sempre podemos encarar logicamente a possibilidade de um ser primeiro, de um Deus que seja finito e com potência limitada, com a reserva de que uma análise mais aprofundada não revele algum absurdo numa idéia assim. Podemos também perguntar-nos se o ser primeiro é necessariamente único. Não poderá haver vários seres primeiros e eternos? Isso abriria a porta para uma forma de politeísmo (que suporia que essa pluralidade de deuses não fosse gerada por um primeiro Deus, superior e mais potente). Não obstante, deve-se acrescentar um caráter suplementar a essa definição mínima de Deus: trata-se de um ser pensante, inteligente, um espírito, que sabe o que faz quando cria. Se omitimos essa qualidade, já não vemos de fato o que distingue o Deus criador da matéria.

As três grandes metafísicas: materialismo, vitalismo, espiritualismo

Na verdade, aqueles que negam a existência de um Deus, concebido como um espírito criador, supõem todavia a existência de um ser primeiro, de uma causa primeira, ela própria eterna e produtora de todas as outras coisas, pois essa é uma exigência da razão. E esse ser eterno é para eles a matéria. Definem-se como materialistas. Essa é uma das grandes metafísicas possíveis, da qual os primeiros representantes conhecidos são Demócrito e Epicuro (vimos, no início da parte III quais conseqüências morais Epicuro tirava dessa tese). E quase toda a ciência moderna se construiu sobre o postulado metafísico de que a matéria é eterna e é o princípio de tudo que existe, notadamente a vida e o pensamento. Portanto, temos frente à frente duas metafísicas que se afrontam para explicar a realidade: de um lado o materialismo, que afirma que o ser primeiro, causa de todas as coisas, é a matéria, um ser extenso, espacial, desprovido de pensamento e de intenções; do outro lado, o que conviria chamar de o espiritualismo, que sustenta que o princípio primeiro é um puro espírito, imaterial, que possui a potência de criar *ex nihilo* o mundo material. Vemos que, se tiramos o pensamento e a inteligência do conceito de Deus, nada mais proíbe afirmar que também o cientista materialista crê num deus, ou seja, num ser eterno, causa primeira de todas as coisas. Ora, costuma-se considerá-lo, assim como ele o reclama ser, ateu e não chamar a matéria de Deus.

Podemos acrescentar, sendo exaustivo, uma terceira grande metafísica possível: o vitalismo, intermediário entre o materialismo e o espiritualismo, que pode mostrar-se como uma variante ora de um, ora do outro. O vitalismo afirma que há uma potência que produz a vida e mesmo a matéria, que é uma potência limitada e não absoluta e que é mais ou menos inteligente, mas não um espírito infinito e onisciente. Schopenhauer, Nietzsche e Bergson desenvolvem de diferentes maneiras essa intuição básica.

Deus e as ciências modernas

Convém assinalar em seguida que não existe prova *racional* da inexistência de Deus[1]. Há apenas convicções individuais e pressupostos. As ciências modernas não provam de modo algum que Deus não existe. Tentam explicar o mundo material de forma puramente mecanicista, sem recorrer à hipótese de um espírito criador inteligente, e postulam simplesmente que o conseguirão um dia, quando a ciência estiver acabada. O fato de conseguirem explicar certos fenômenos naturais que antigamente eram atribuídos à intervenção divina não constitui uma prova de sua inexistência, como puderam acreditar certas mentes superficiais. O corpo do homem descender do macaco e não ter sido diretamente modelado por Deus não prova que o universo inteiro não seja criado por um espírito, ou seja, por Deus. Em geral, os ateus recusam a crença em Deus como uma superstição primitiva e infantil. Mas os motivos psicológicos de uma crença nada provam contra a sua verdade. Posso crer por más razões, e no entanto não me enganar. Por exemplo, *creio* que há na China uma cidade que se chama Pequim, quando nunca fui lá para verificar isso com meus próprios olhos, e o creio porque confio em meus professores e nos jornalistas. Mas talvez eu esteja errado, pois eles nem sempre são infalíveis e dignos de fé. Recentemente não tentaram fazer-nos acreditar que as toneladas de bombas lançadas pelas forças da ONU contra o Iraque por ocasião da Guerra do Golfo não faziam nenhuma vítima civil?

---

1. Pelo menos de meu conhecimento.

Deus dos filósofos, Deus dos religiosos

Por sinal, o fato de que certos filósofos pensam dar-nos provas metafísicas da existência de Deus não é o que é totalmente determinante aqui. Pois o que esperam provar é a existência de um espírito eterno e criador do mundo, mas ainda não é o Deus das religiões, que se dirige aos homens pela boca dos profetas, que lhes indica regras de conduta e lhes faz promessas e ameaças. Esse é outro conceito de Deus, o Deus legislador moral, que importa mais ao existente. A filosofia, com seus métodos puramente racionais, ao que parece não pode provar a verdade de uma religião específica. Pode pelo menos tirar da crença a aparência de estupidez que gostam de dar-lhe em nossos dias. E, até, cumpriria examinar se a razão não pode avançar até deslindar certos mistérios sobre a natureza de Deus e sobre suas vontades, mas isso seria objeto de outro debate. Estas poucas análises tinham o único objetivo de mostrar que essa questão não está resolvida e que não se pode tratar a preocupação religiosa com o desprezo, como uma atitude infantil de espíritos fracos, assim como muitos o fazem com arrogância em nossa época. São, antes, aqueles que preferem viver segundo seu bel-prazer, sem formular-se perguntas sobre a existência de Deus e sobre suas eventuais exigências, que têm uma mente próxima da de uma avestruz, da qual se diz que esconde a cabeça na areia a fim de não ver um perigo. Assim fazem os que não querem enxergar uma possibilidade simplesmente porque ela lhes desagrada, porque lhes ameaça o pequeno conforto intelectual.

A aposta de Pascal

Não obstante, que fazer por ora, enquanto não acabei estudos metafísicos completos e não possuo um saber indubitável da existência ou da inexistência de Deus? Blaise Pascal dá uma resposta em seu célebre argumento da aposta[2]. Seu texto é árduo, obscuro e confuso, mas contém algumas idéias que podemos adotar. Antes de tudo, deve-se escolher seja conduzir-se como se Deus existisse, obedecendo a sua lei, seja como se ele não existisse, não se preocupando em respeitar suas injunções. Em resumo, deve-se operar uma espécie de aposta. Não se pode recusar escolher, ou apostar, porque é realmente necessário agir e adotar uma regra de conduta. Não há outra possibilidade de escolha. E essa escolha é semelhante a uma aposta. Com efeito, pouco importa em que creio. Posso muito bem não crer em Deus, minha razão pode estimar sua existência muito inverossímil. Entretanto, não convém somente examinar essas opções sob o aspecto da verdade, mas também do ponto de vista de suas conseqüências possíveis. Assim como numa aposta, em que não se preocupa somente com as probabilidades de ganhar, mas também com o que se pode ganhar ou perder, o que está em jogo.

Se aposto que Deus não existe e se ganho, que é que eu ganho? A liberdade de não obedecer às suas leis, por exemplo aos dez mandamentos, e de perseguir prazeres terrestres. Mas, se perco, porque na realidade Deus existe, que é que eu perco? Arrisco-me ao castigo eterno, uma eternidade de sofrimento.

Ao inverso, se aposto que Deus existe e se me engano, se na verdade ele não existe, que é que eu perco? Terei seguido sua lei por nada e renunciado a tentar proporcionar-me prazeres e uma felicidade terrestre – isto quer dizer que não perco grande coisa, pois o homem tem uma condição muito miserável, sempre às voltas com decepções, sofrimentos, doenças etc. Mas, se ganho minha aposta, se Deus existe efetivamente, que é que ganho? Ir ao paraíso, para usufruir uma vida eterna de felicidades e de delícias...

---

2. *Pensées*, ed. Brunschvig, nº 233; ed. Lafuma, nº 418.

Vejo bem que as duas possibilidades da aposta não são igualmente interessantes. Se aposto que Deus não existe, não ganho grande coisa e arrisco-me a perder muito; se aposto que Deus existe, perco pouca coisa, mas tenho uma probabilidade de ganhar enormemente. Há entre os dois, entre o que eu comprometo e o que me arrisco a ganhar ou a perder, toda a desproporção entre o finito e o infinito. Fica claro que a segunda escolha é infinitamente mais vantajosa e que não há que hesitar.

Este argumento da aposta levanta ainda assim algumas dificuldades. Estarei certo de que, se Deus existe, existe igualmente um inferno ao qual ele me enviará assar pela eternidade se não obedecer à sua lei? Mas não se trata de atingir um conhecimento indubitável, trata-se de saber qual atitude adotar para com uma religião que me promete isso, crença compartilhada por milhares de seres humanos há mais de dois mil anos. Poderei dar de ombros e não me preocupar com esse risco? Seguramente, não seria muito prudente. Mas existem várias grandes religiões; qual delas escolher? Em qual apostar? Aí está uma questão embaraçosa. De fato, as três grandes religiões monoteístas, judaica, cristã e muçulmana, abeberam-se na mesma fonte e adoram o mesmo Deus, aquele que se dirigiu aos homens através de seus profetas hebreus: Abraão, Isaac, Jacó, Moisés, Isaías, Jeremias etc., cujas palavras estão recolhidas nos livros sagrados da Bíblia hebraica, que os cristãos chamam de Antigo Testamento. A mensagem deles possui, portanto, certo fundo em comum e a clivagem deles se opera em torno da pessoa de Jesus Cristo. Ele é o próprio Deus tornado homem, ou então um impostor, ou ainda um profeta superado por Maomé? A partir daí apenas os dogmas das diferentes religiões divergem. Portanto, é possível referir-se a um conjunto de exigências em comum, como os dez mandamentos, que Moisés pretende ter recebido ditados por Deus, e tentar conformar-se a isso. Pode-se também tentar satisfazer ao conjunto das exigências das grandes religiões, se é que elas são compatíveis. Pode-se, enfim, tratar de pôr um pouco de ordem nisso mediante uma análise racional, para tentar compreender, a partir dessas supostas mensagens, o verdadeiro sentido das exigências divinas e despojá-la dos oripéis das superstições populares. Kant operou um trabalho semelhante numa de suas derradeiras obras, *A religião dentro dos limites da simples razão*.

As exigências da lei religiosa e a felicidade terrestre

Aliás, as exigências religiosas parecem mesmo comprometer minhas possibilidades de felicidade terrestre. Com efeito, os dez mandamentos estipulam que não se deve cobiçar a mulher do próximo nem cometer adultério. Azar meu, se fico apaixonado precisamente por essa mulher e faço depender dela a minha felicidade! Da mesma forma, o décimo mandamento proíbe cobiçar o bem alheio, portanto todo desejo de enriquecimento. Cristo formula sobre esse tema exigências muito mais consideráveis: é mais difícil a um rico entrar no paraíso do que a um camelo passar pelo buraco da agulha, diz ele. A situação da maioria dos ocidentais, que são muito mais ricos do que um ruandês médio, parece totalmente desesperançada desse ponto de vista. Se sabemos que o buraco da agulha é uma porta muito estreita de Jerusalém, que os camelos só podiam transpor com a condição de serem descarregados, aliviados de suas mercadorias, a imagem fica mais clara, mas só um pouco mais tranqüilizadora. O rico deve desfazer-se de todas as suas riquezas e dá-las aos pobres, para ter acesso à vida eterna[3]. Quem respeita esse mandamento em nosso mundo, afora alguns santos? Não há perigo de o paraíso ficar superpovoado! Tanto mais que o principal mandamento segundo Cristo, o que engloba e resume to-

---

3. Cf. Mateus, XIX, 16-21.

dos os outros, que é o espírito da Lei divina do qual os outros são apenas a letra, é: "Ama teu próximo como a ti mesmo." Isso parece muito difícil de praticar. Pode-se ter uma alma generosa, sentir espontaneamente simpatia pelos irmãos humanos, querer o bem dos outros, e já tais seres parecem bem raros em meio a todos os indivíduos maldosos, agressivos, invejosos que povoam nossa terra, mas daí a amar aqueles que são maus, aqueles que nos fazem mal, e tanto quanto a si mesmo! A lei de Cristo é de uma exigência absoluta. Poucos humanos, notadamente entre os que se dizem cristãos, a respeitam. Isto supõe superar todo egoísmo, devotar-se completamente a outrem, esquecer-se inteiramente de si mesmo. Muito poucos o conseguem. A Igreja católica reconhece alguns por século, a quem designa santos.

Por outro lado, a exigência religiosa arruína totalmente os raciocínios da aposta de Pascal. Deus exige uma fé verdadeira, não uma aposta, um cálculo interesseiro. Ocorre o mesmo com a exigência moral: para ser verdadeiramente moral, deve-se praticar o bem por amor ao bem, e não no interesse pessoal, visando a uma recompensa tal como a vida no paraíso. Senão, é apenas interesse bem compreendido, egoísmo inteligente e não moralidade. A aposta pascaliana mostra-se totalmente escandalosa do ponto de vista da verdadeira religiosidade. Mas, por conseguinte, é ainda mais difícil satisfazer às exigências de Deus, uma vez que é preciso um amor absoluto, espontâneo e desinteressado, isento do menor cálculo.

A verdadeira fé segundo Kierkegaard

É por isso que o filósofo dinamarquês Kierkegaard (1813-1855) enuncia que a vida ética, não mais do que a vida estética, basta aos olhos de Deus. Ele distingue, de fato, três fases da existência. A primeira é a mais comum e a mais imediata: é a fase estética, a do homem que procura acima de tudo em sua existência sensações agradáveis, prazer. Kierkegaard consagra inúmeras páginas à análise desse modo de existência, do qual uma das realizações está na figura de Don Juan. Essa atitude é condenada realmente ao fracasso, à melancolia e à desesperança. A fase ética é a do homem sério, moral. Bom trabalhador, bom cidadão, bom cristão, bom esposo, bom pai, sua vida é orientada por valores para a consumação do bem. Frui sua consciência tranqüila, o sucesso e a consideração que lhe propicia seu trabalho, as alegrais do amor fiel e a vida familiar. Mas essa vida ética, recomendada unanimemente por religiosos e filósofos, não passa de uma léria, de uma cilada, de uma falsa existência fundamentada numa cegueira. Com efeito, o pensamento certo da promessa da felicidade eterna deve bastar para anular qualquer consideração pelos prazeres terrestres. O contrário é o indício de que não nos reportamos verdadeiramente a essa idéia.

> *Se a felicidade eterna é para o existente o bem supremo, isso equivale a dizer que os momentos que compõem o finito são de uma vez por todas rebaixados à categoria das coisas às quais importa renunciar. [...] Não sei se deve-se rir ou chorar dessa litania: uma boa profissão, uma boa mulher, a saúde, o título de conselheiro – e depois a felicidade eterna; é como se puséssemos o reino dos céus entre outros na terra. [...] Se a felicidade eterna não transforma absolutamente sua existência, ou se ele recusa renunciar a alguma coisa por ela, é porque não tem relação com ela.*[4]

Assim, a atitude existencial certa, para Kierkegaard, a atitude religiosa é a de renunciar a toda felicidade terrestre. De fato, Kierkegaard rompeu seu noivado com uma jovem mulher a quem amava profundamente e por quem era amado, Regine Olsen, por razões que mantém misteriosas e das quais deixa supor que se relacionam com sua filosofia.

---

4. *Post-scriptum aux "Miettes philosophiques"* (II³ parte, II³ seção, A), "Le pathétique", § 1).

Ademais, a verdadeira fé não é um reconforto. Pois crer é inseparável de duvidar. Com efeito, não há prova nenhuma da existência de Deus que valha – porque uma prova é diretamente oposta à idéia de fé. Quem crê verdadeiramente não pára de duvidar ao mesmo tempo. Em suma, a existência humana não pode conhecer nenhuma certeza, nenhum apaziguamento. Mesmo da veracidade das Escrituras é preciso duvidar. Será mesmo Deus que se exprime nelas? Só posso crer nisso enquanto tenho a fé, mas nada me garante isso. Se não sou torturado pela dúvida, diz Kierkegaard, é porque não creio verdadeiramente, é porque não penso verdadeiramente, é porque não existo verdadeiramente. Existir autenticamente é viver apaixonadamente, é viver na angústia.

Assim, também, a boa consciência está no oposto da verdadeira moralidade. Já vimos que as exigências de Deus são absolutas, infinitas. Pensar que se consegue satisfazê-las é lograr-se, é não escutar a voz do dever. E, em face dessas exigências, o único sentimento decente é a consciência do erro. O homem deve sentir-se culpado. Aliás, Deus não se exprime essencialmente nos mandamentos bíblicos, dos quais sempre se pode duvidar, mas antes no silêncio e em minha interioridade. Ele não me diz nada do que Ele espera de mim, e esse grande silêncio me apavora. Mas sinto-me pecador, porque sei logo de saída que não posso satisfazê-lo, e é esse sentimento de culpa absoluta que é a presença de Deus em mim, que é a relação verdadeira com Deus. A existência humana autêntica deve ser *temor e tremor*, segundo o título de uma das obras fundamentais de Kierkegaard. Sem escrúpulos, sem angústia, sem desespero, não existimos mais do que as coisas. Todas as instituições e as ocupações humanas, a Igreja inclusive, não têm outro objetivo senão ser "diversões", segundo a expressão de Pascal, senão nos ocultar o que é a existência, senão embaralhar o silêncio da interioridade, portanto, senão cobrir a palavra de Deus em nós. Kierkegaard acusa a Igreja cristã de ter confiscado abusivamente o divino e de na realidade não ser mais que uma "empresa lucrativa de transporte para a eternidade, que só evita o descrédito porque não se têm notícias dos viajantes".

Crítica de Kierkegaard

O pensamento de Kierkegaard é apavorante. Podemos recusá-lo dizendo-nos, segundo a frase maldosa de Heidegger, que "Kierkegaard não é um pensador, mas um autor cristão"[5] ou, mais exatamente, que Kierkegaard não é um filósofo, mas acima de tudo um crente. Ele não se fundamenta na razão para encontrar a verdade; ao contrário, duvida da capacidade da razão para conhecer. Utiliza todo um arsenal racional, e raciocínios a perder de vista, *contra* a filosofia e suas pretensões, a fim de dar um lugar nítido para a fé, assim como Blaise Pascal antes dele. E suas crenças podem ser explicadas pelas circunstâncias de sua vida, notadamente pela terrível educação que recebeu. Foi educado no temor de Deus por um pai muito idoso, que tinha cinqüenta e seis anos em seu nascimento. Com efeito, seu pai, quando era apenas um jovem e pobre pastor de animais, maldissera Deus. Depois, tornado um rico comerciante retirado dos negócios, tivera de casar-se com sua criada, que esperava um filho dele. Como o castigo de seus pecados não vinha, concluíra que Deus queria que fossem seus filhos que expiassem suas faltas. Esse sentimento de angústia e de culpa foi reforçado pela morte de dois de seus filhos, quando Sören Kierkegaard, seu caçula, tinha respectivamente seis e depois nove anos. Não é difícil perceber o efeito sobre seu pensamento dessa educação que ele próprio qualificará de "humanamente insensata". Assim também, se Kierkegaard renunciou à carreira

---

5. Cf. Heidegger, "Le mot de Nietzsche 'Dieu est mort'", *in Chemins qui ne me mènent nulle part* (Holzwegw).

de pastor à qual se destinava enquanto doutor de teologia, depois renunciou a casar-se com a mulher que amava, foi provavelmente por causa de uma impotência sexual, de crises de epilepsia ou de tendências esquizofrênicas. Os historiadores evocam todas essas hipóteses, e parece mesmo que sua moral de renúncia não passe de uma compensação para sua incapacidade de viver normalmente. Não gosto muito de explicar ou refutar um pensamento pela vida de seu autor, mas, no caso de Kierkegaard, isso quase se impõe. Com efeito, ele nega a possibilidade de um pensamento racional universalmente válido, como o sistema de Hegel, que ele enche de zombarias, e no fundo como qualquer filosofia. Afirma que o único ponto de vista válido é o da subjetividade, ligada à existência individual. Mas, precisamente, *seu* pensamento mostra-se bem ligado à *sua* existência, ser apenas suas opiniões e, no fundo, não nos concernir em nada, uma vez que não temos a mesma existência nem os mesmos sentimentos. Esse é realmente o defeito de um pensamento enraizado na subjetividade e na existência individual. Ao inverso, podemos aderir ao pressuposto básico do discurso filosófico que é de que, pela razão, podemos chegar a verdades válidas para todos. Se não pensamos isso, se pensamos que o discurso não pode chegar a nenhuma verdade, não podemos indicar nenhum bem aos outros, é preferível calar-nos, pois então a palavra já não é concebida senão como um ato de violência e de manipulação dos outros.

A tradição pessimista agostiniana

Acontece que Kierkegaard não é um pensador absolutamente isolado. É herdeiro de uma longa tradição, que remonta ao menos à interpretação agostiniana do cristianismo, que se encontra em Lutero e no protestantismo, depois, *através do* jansenismo, em Pascal. Sua tese em comum é que o homem é essencialmente mau, por causa do pecado original. É por isso que o homem é sujeito a desejos viciosos e se compraz no mal. A idéia de Pelágio de que o homem possa com seus atos e suas obras fazer o bem e merecer a salvação é considerada uma heresia. Todo homem é sempre pecador em comparação às exigências de Deus, e Deus só pode salvar um homem por sua graça. E, no fundo, embora nenhum homem mereça ser salvo, a graça de Deus é gratuita e arbitrária. Incide sobre alguns eleitos, escolhidos ao acaso. Pode-se também conceber que é essa graça que vai inspirar a esses homens a fé ou a força de cumprir boas ações. Assim é a doutrina da predestinação, que podemos achar francamente imoral. Podemos também esperar que a graça de Deus só incidirá sobre aqueles que crêem sinceramente nele, sustenta Lutero. Portanto, é preciso crer, é a única probabilidade de salvação. Um dos corolários dessa doutrina é que a razão humana é também má e impotente. A razão só pode conhecer verdades, sobretudo no tocante à realidade absoluta, metafísica, portanto a Deus. Tese essa compartilhada por Lutero, Pascal e Kierkegaard, e que humilha a filosofia. A razão não pode compreender o que é Deus e nem sequer deve tentar explicar as Sagradas Escrituras. É preciso crer, mas não se pode saber o que é Deus. Pretender o contrário é um pecado de orgulho. "A razão é a puta do Diabo", diz Lutero, e nem sequer é boa para ser a serva da teologia, como ainda o pensava Santo Agostinho. Logo, o homem não pode compreender o que é Deus. Tal é a tese fundamental daquilo a que se chama as teologias negativas. O homem deve simplesmente crer em Deus, sem saber quem Ele é. Pode parecer absurdo dizer que se deve crer sem saber em quem se crê, mas precisamente a verdadeira fé está aí, sem provas, nem esclarecimentos, nem saber algum. Quanto mais absurdo é, quanto mais obscuro é, é melhor, pois mais absoluta é a fé. E, claro, deve-se renunciar a toda felicidade terrestre e abster-se de todo prazer, pois todo desejo é mau, pecador. A religião cristã, e de modo mais geral monoteísta, parece o oposto da sabedoria, da perseguição da felicidade nesta vida.

A influência dos pensamentos dualistas

Não obstante, essas concepções agostinianas não são a mais profunda e a mais justa expressão do monoteísmo judaico e cristão. Com efeito, são uma interpretação específica dele, devida à influência de doutrinas dualistas, por exemplo o maniqueísmo[6]. Santo Agostinho foi primeiro maniqueísta, antes de se tornar cristão. Uma vez convertido, combateu essa doutrina, mas sua mente conservou-lhe certa marca, que está em sua teoria particularmente pessimista do pecado original. Denominam dualismo todas as doutrinas que afirmam que na origem do mundo encontram-se dois princípios, um bom, o outro mau, um Deus de luz e um Deus de trevas. Encontramos o dualismo em numerosas crenças, como as religões órficas que existiam na Grécia e influenciaram o platonismo, depois no gnosticismo contemporâneo dos primórdios do cristianismo, do qual constituiu uma das variantes heréticas. A maior religião dualista é o maniqueísmo, fundado por Mani no século III na Pérsia, que se espalhou até em Roma e na China e prosperou durante vários séculos. O maniqueísmo ressurgiu sob a forma de uma heresia cristã nos séculos XI e XII, como as dos cátaros ou dos albigenses na Provença. Há numerosas formas de dualismo[7], que se dividem de acordo com a distinção entre o dualismo radical, que su-

---

6. Essa é a tese sustentada por Claude Tresmontant em seus inúmeros trabalhos. Ver, p. ex., *La métaphysique du christianisme et la naissance de la philosophie chrétienne* (Le Seuil, 1961) no que tange aos cinco primeiros séculos do cristianismo.

7. Para mais detalhes, ver *Dictionnaire des religions*, de Mircea Eliade e Ioan Couliano (Plon, 1990) e sua bibliografia (trad. br. *Dicionário das religiões*, Martins Fontes, São Paulo, 1995).

põe dois princípios co-eternos, e o dualismo mitigado, ou monarquiano, que faz do princípio mau uma emanação do primeiro deus. Uma das formas mais poderosas de dualismo consiste em pensar que o mundo não é obra do Deus bom, mas do Deus mau. Apenas a alma humana possui uma centelha da divindade boa e deve a qualquer preço fugir desse mundo satânico. É por isso que os cátaros (o que significa em grego "os puros") pregavam o suicídio como uma libertação e denunciavam a geração de filhos e os espelhos. Pois ambos participam da *reprodução* de uma realidade material má. A procriação é mesmo um crime, porque pôr uma criança no mundo é tornar uma alma inocente prisioneira de um corpo de matéria corrompida. Por outro lado, os cátaros preconizavam aos que não eram capazes de abstinência e de ascese chafurdar-se como porcos em todos os prazeres, comprazer-se em farras e orgias, a fim de se enojar da carne e de fundar nesse nojo a base de sua elevação espiritual futura. Tais conselhos tinham com que deixar essa religião sedutora! Sabe-se que os cátaros foram exterminados pelos reis da França, por motivos tanto políticos como religiosos.

Encontramos certos aspectos desse dualismo mitigado nos mitos cristãos, por exemplo, a personagem de Satã, o "príncipe das trevas", ou mesmo na serpente que induz Eva à tentação. Mas, sobretudo, vê-se a influência desse pensamento na aversão pela Natureza e pela matéria, julgadas más e diabólicas, na Idade Média, na época romana. Isso se encarna na escultura, em que as personagens representadas são grosseiras e mirradas, e nos princípios arquiteturais, que privilegiam as formas ideais puras, a reta e o círculo, símbolos divinos, e desprezam as contingências materiais que fazem com que as abóbadas de meio ponto, ou seja, em semicírculo, tenham tendência a baixar-se, como se vê em Vezelay. Ao passo que a partir do século XIII instaura-se, com a idade gótica, uma nova relação com a matéria. As estátuas da Virgem e dos santos são realistas, "burguesas", e até belas, e a arquitetura torna-se uma arte de engenheiro virtuose que faz a pedra dançar e enxurradas de luz entrarem nos santuários. Esse ódio de tudo que é natural, de tudo que toca ao desejo e ao prazer, e de modo muito especial à sexualidade, encontra-se no puritanismo do século XIX. A grande preocupação dessa época parece ser as histórias de alcova, o pecado da carne, garantir a virtude das mulheres, conservá-las inocentes e ignorantes de toda idéia de prazer sexual, em suma, transformá-las em neuróticas tiranizadas por seu confessor. O cristianismo reduzir-se a isso, e ademais tornar-se o cúmplice da manutenção de uma ordem social iníqua em que os burgueses enriqueciam-se explorando vergonhosamente o trabalho assalariado, notadamente das crianças, indica uma espécie de traição de seus valores. O verdadeiro pecado, o verdadeiro crime, não é o assassínio ou a escravidão em suas diferentes formas? Poder-se-á racionalmente fazer do amor livre, do prazer sexual e do adultério um pecado mortal de uma gravidade comparável? Trata-se evidentemente do sinal de um pensamento neurótico que perde todo senso dos valores ou da graduação dos males. Isto parece mais uma caricatura e uma decadência do monoteísmo e do cristianismo do que a expressão autêntica deles, assim como o pessimismo luterano que pretende que o homem seja um ser aviltado, que deve viver no temor perpétuo de Deus, o que exclui qualquer felicidade terrestre.

O Deus de amor de Santo Tomás

De fato, nem todos os pensadores sustentam semelhantes concepções. Esse é o caso de Santo Tomás de Aquino, teólogo e filósofo do século XIII, reconhecido por ocasião do concílio do Vaticano I, em 1869, filósofo oficial da Igreja católica (quanto tempo levou a reflexão!). Para Santo Tomás, uma das principais mensagens de Cristo é a de que Deus não é essencialmente tal como o costumaram perceber e exprimir os profetas hebraicos, um Deus invejoso, ameaçador, vingativo, no fundo maldoso. Deus é bom, é amor. Criar o mundo, criar os seres humanos é um ato de amor, e não uma operação involuntária, uma distração ou um erro (e é mesmo o verdadeiro e único Deus que criou este mundo, e não um princípio mau). A narrativa da Gênese diz que Deus contempla sua obra quando a acaba e que fica satisfeito. Logo, o mundo é bom. Por conseguinte, o homem, criatura de um Deus bom, não pode ser integralmente mau e corrompido. Possui por certo a capacidade de fazer o mal, capacidade de que terá de prestar contas, mas também, contrariamente às afirmações de Santo Agostinho e de Lutero, um livre-arbítrio e uma possibilidade de escolher e de fazer o bem. Criados por Deus, o mundo e os desejos naturais humanos não são por essência maus. Por exemplo, o desejo sexual não é por si só repreensível. Permite à vida humana perdurar na terra, dá a Deus a ocasião de criar novas almas, em suma, é participação na obra criadora de Deus. Em compensação, pode tornar-se mau se é por demais exacerbado e dominador, se conduz a lutas e a violências, tais como o estupro. Convém canalizar esse desejo por leis. Só é verdadeiramente bom com o objetivo de gerar uma vida, e a geração só é meritória se é acompanhada de uma educação, o que requer o respeito ao laço do matrimônio, que deve ser considerado sagrado. Do ponto de vista contemporâneo, ou do homem desejoso, essa lei pode parecer rígida demais, mas vê-se que ela é muito melhor do que uma anarquia completa dos instintos, com que as mulheres e as crianças seriam as primeiras a sofrer, portanto finalmente a humanidade inteira.

A verdadeira exigência divina: o amor

A segunda mensagem de Cristo, desenvolvida por Paulo de Tarso, chamado São Paulo, o fundador da Igreja cristã, é que o respeito à lei judaica não é o mais importante, o que

Deus espera dos homens. Só o que tem valor é o amor. O amor ao próximo é o espírito da lei. A letra da Lei, o detalhe dos mandamentos são apenas indicações da forma como esse amor deve realizar-se. Mas, contra os fariseus, Cristo sustenta que respeitar escrupulosamente a letra da Lei sem amor verdadeiro nada vale aos olhos de Deus. E, inversamente, se infringimos um mandamento por amor, isso não é um mal, é um bem. Assim Cristo adota como discípula e companheira de estrada Maria Madalena, uma antiga prostituta, infinitamente pecadora e culpada do ponto de vista do povo e das autoridades eclesiásticas judaicas, com estas palavras: "Ela muito amou, muito lhe será perdoado." A Lei, entretanto, é o contexto necessário para a sobrevivência e para o desenvolvimento do ser humano. Deve-se respeitar o outro, não o matar, não lhe roubar os bens, pelo menos o que é necessário à sua vida...

A excelência da razão segundo Santo Tomás

Além disso, se um Deus bom criou o homem, a razão humana não pode ser totalmente impotente e má. O homem possui faculdades intelectuais capazes de conhecer algo do real. Para Santo Tomás, a obra da razão é representada pela filosofia grega, sobretudo a de Aristóteles. Enquanto o platonismo se difundira por todo o Império Romano, sobrevivera à sua queda e inspirara todos os Padres e doutores cultos da Igreja cristã, tal como Santo Agostinho, não sem dificuldade para conciliá-lo com a mensagem bíblica e interpretá-lo através dela, a filosofia de Aristóteles e toda a ciência grega tardia só foram salvas pela civilização árabe, que cultivara e enriquecera as matemáticas, a medicina e a filosofia. As cruzadas também foram para os estudiosos cristãos uma apaixonante oportunidade de descobrir a fabulosa civilização dos árabes e de redescobrir através deles a ciência grega. Mas apresenta-se então uma dificuldade: como conciliar as verdades racionais e filosóficas dos gregos com as verdades reveladas pela Bíblia? Cumprirá pensar que Aristóteles, porque era um pagão, estava errado em tudo, como o sustentará Lutero no século XVI, e que a razão é de uma impudência diabólica? Santo Tomás pensa que não há conflito real e trabalha para conciliar filosofia aristotélica e fé cristã numa síntese que é um dos mais prodigiosos esforços intelectuais da humanidade. Por exemplo, Santo Tomás observa que Aristóteles, embora vivendo num universo politeísta que nunca teve informação da revelação dos profetas hebraicos, chega logicamente à conclusão de que deve haver um princípio único do universo, um único Deus intemporal. Este fato esteia a tese de Santo Tomás: a razão humana, se bem conduzida, pode descobrir verdades essenciais sobre o homem e sobre o universo, sobre a origem deles, portanto sobre Deus. Outras verdades não podem ser estabelecidas pela razão, mas só podem ser acessíveis ao homem pela revelação dos profetas e de Cristo. Não as podemos provar, só podemos crer nelas. Elas são puramente teológicas e não filosóficas. Assim delineiam-se relações nítidas e não conflituais entre a razão e a fé.

Por que Deus criou o mundo?

Falta enunciar por que Deus criou o homem e o que espera dele. Pois o homem, graças à sua razão e à revelação, pode responder a tal questão. Pelo menos essa é a tese que sustenta oficialmente a Igreja católica romana, diferentemente de outras religiões e mesmo de outras Igrejas cristãs, tais como as Igrejas protestantes. Mas, embora ainda haja muitos católicos, nem todos parecem saber isso com clareza ou estar de acordo e é engraçado constatar quantos protestantes de hoje podem pensar como católicos de ontem e católicos de hoje como protestantes de ontem. Deixemos de lado essas rixas e vejamos a resposta católica a essa questão crucial, resposta que sempre é interessante conhecer, sendo-se crente ou não.

    Costumam dizer que Deus criou o homem para a Sua glória, para que o homem o glorifique. Mas uma idéia assim parece um tanto ilógica. Com efeito, se Deus é o ser absoluto e perfeito, poderia deixar-se levar a fraquezas de vaidade? De outro lado, o mundo é muito imperfeito e nele prospera o crime. A existência do mal no mundo é um dos argumentos populares mais difundidos contra a existência de Deus. Se Deus existisse, não permitiria todo esse mal e não deixaria crimes impunes, costumam pensar. Que responde Santo Tomás? Deus é bom e criou o homem para poder divinizá-lo. Promete ao homem a vida eterna. O homem poderá viver com seu criador, poderá contemplá-lo, mas sobretudo participar de sua atividade criadora. É isso o paraíso. A representação do paraíso com anjos sentados nas nuvens e tocando harpa pertence evidentemente à imaginação popular. Para ser digno da vida eterna e dessa divinização, o homem deve querer o bem, da mesma forma que Deus. Deve trabalhar no sentido da criação. Foi por isso que Deus criou o homem dotado de um livre-arbítrio. Ser livre é ser livre para escolher fazer o bem ou o mal. Deus poderia ter criado homens perfeitamente bons, que fizessem sempre o bem, e a vida neste mundo teria sido infinitamente mais agradável. Mas os homens não teriam tido nenhum mérito do bem que faziam e a criação, nenhum sentido. Os homens teriam sido apenas autômatos, fantoches nas mãos de Deus. Em vez disso, Deus criou os homens livres para fazer o mal. Num sentido, Ele abandonou sua onipotência para presentear a humanidade com a liberdade. A criação é um ato de amor e um sacrifício. O que Deus deseja e espera é que os homens consigam superar seus determinismos biológicos e seu egoísmo para conseguir amar ao próximo e fazer o bem. Estes serão os eleitos, os que serão convidados a compartilhar a vida eterna de Deus. Deus quer outros seres capazes de amor infinito e de trabalhar para o bem. Esse é o ser absoluto, que não é fechado e encerrado em si mesmo dentro de sua perfeição, mas que é amor e desejo de gerar outros seres.

A causa do mal

Foi por isso que Deus criou o mundo e os humanos, e é por isso que cumpre necessariamente que o mal exista no mundo. Mas o mal nunca foi feito ou criado como tal por Deus. O mal é carência, privação de ser, ao passo que Deus é plenitude de ser e seu amor é criação de ser. Mas, ao produzir homens conscientes e livres, segue-se logicamente que tais homens podem escolher fazer o mal. O mal que reina na terra é sempre obra dos homens. Isto é evidente nas guerras. Mas, se há miséria e penúrias, em geral é por causa das guerras ou porque as riquezas estão repartidas com muita desigualdade, por causa de organizações humanas iníquas. E depois não se deve esquecer que o verdadeiro mal não é sofrer fisicamente ou morrer, pois a vida eterna talvez nos espere, se temos o coração puro e sem ódio, mas é o mal moral, o fato de querer fazer os outros sofrerem. Assim também, se sofro ou morro porque há uma seca e nada mais para comer, isso não é um escândalo, é o curso da Natureza, que segue leis gerais imutáveis. O verdadeiro escândalo só advém se sofro ou morro pela culpa de outrem, e sobretudo para satisfazer seu egoísmo ou para seu prazer. A bondade de Deus comporta também a justiça, pois é justo que os criminosos, os assassinos, os torturadores, os exploradores, que o mais das vezes têm o poder e a riqueza neste mundo, sejam um dia punidos na proporção de seus delitos. Mas Deus, manifestamente, não intervém, não pune neste mundo. Isto vai totalmente de encontro aos desejos correntes da humanidade, entristece e escandaliza mais de um, tal como Jó e sua queixa amarga. A superstição popular quer enxergar intervenções divinas em toda parte, desejaria que Deus interviesse a toda hora para impedir catástrofes, curar doenças e até fazer-nos ganhar na Loto, em resumo, assegurar nossa felicidade. Mas este mundo é apenas uma passagem, a verdadeira felicidade completa está reservada para o outro mundo. Este mundo é um lugar de provação, para selecionar aqueles que merecem a vida eterna e a beatitude. Este mundo é o da Natureza e do homem. Segue as leis gerais da Natureza material, sem o quê a vida não seria possível, e ele será tal como o homem o fizer. Ademais, Deus não pode divertir-se em intervir aqui permanentemente para fazer triunfar a justiça, pois então a marca de sua presença seria tão deslumbrante que os homens já não teriam mérito nenhum em fazer o bem e em seguir sua lei. Eles o fariam unicamente por temor e por interesse, e não por amor. A ação de Deus, uma vez criado o mundo, limitou-se, segundo Santo Tomás, a instruir os homens sobre suas expectativas, pela boca dos profetas que ele inspirou e encarnando-se ele mesmo sob a forma de Cristo. Como a mensagem essencial é difundida pela revelação, cada qual doravante é livre para tomar posição.

A felicidade pela lei e pela fé

Este mundo não passa, do ponto de vista católico, de um lugar de provação, de um "vale de lágrimas", no qual o homem não pode experimentar nenhuma felicidade? Não unicamente. De uma parte, o homem não quer verdadeiramente o mal pelo mal. Deseja naturalmente sua felicidade, e essa felicidade pode ser realmente alcançada apenas na contemplação de Deus, apenas na união com o absoluto, como já o estabelecera Platão. Há algo de bom no fundo de cada desejo humano, que é em sua verdade desejo de absoluto.

Mas a maior parte dos homens se engana em seus objetos de desejo e sobre o meio certo para ser feliz. Aí está o mal, no erro. A lei divina parece proibir ao homem saciar muitos desejos e, portanto, privá-lo da felicidade. Mas é apenas uma aparência, pois a lei se atém a desviá-lo de uma ilusão enganadora de felicidade, que acreditamos erroneamente encontrar na riqueza, na farra e no crime. De fato, como a natureza do homem não é má, à medida que ele obedece melhor à lei, que ama mais o próximo, que supera seu egoísmo, invade-o uma certa felicidade. Ele aprende a contentar-se com pouco, como o sábio epicurista, e, já não sendo importunado por desejos insaciáveis, alegra-se com coisas simples, encanta-se com a beleza da Natureza e com o dom maravilhoso de estar vivo.

E quem ouviu e compreendeu a mensagem divina, quem sabe que Deus o ama e quem ama a Deus por sua vez, e quem, amando as criaturas de Deus, sabe que coopera com sua obra criadora, quanta força não recebe? A esperança da vida eterna não relativizará as misérias terrestres? A certeza de compreender a finalidade do universo, a confiança na bondade do criador para perdoar-me por minhas fraquezas, o conhecimento do destino essencial de meu ser não me darão a energia de suportar as vicissitudes da existência de coração leve? Pensemos nestas palavras de Cristo prescrevendo-nos viver como os pássaros, que cantam sem se preocupar com o amanhã:

Olhai para as aves no céu: elas não semeiam nem ceifam e não fazem provisões em seus celeiros; e vosso Pai celestial as alimenta. [...]

Portanto não vos aflijais e não digais: Que comeremos? Que beberemos? Com que seremos vestidos?

Pois todas essas coisas, são os pagãos que as procuram. [...]

Buscai primeiramente o reino e a justiça de Deus; e todas essas coisas vos serão acrescentadas[8].

Admirável elogio da despreocupação. O saber do essencial nos liberta das inquietações mesquinhas. Tais são os benefícios da fé cristã, que permite antecipar desde já essa existência da beatitude da vida eterna.

Diversidade das vias do Bem

Por outro lado, a exigência do amor ao próximo não é tão considerável e temível quanto poderia parecer. Com efeito, somos seres finitos, e o amor a *todos* os humanos é um estado ideal remoto. De fato, preocupar-se com o respeito e até com a felicidade de todos os humanos não é tão difícil. Nossos salões estão cheios de filantropos. O que é árduo é amar todos os outros *tanto quanto a si mesmo*! Mas amar verdadeiramente um ser já é melhor do que não amar a nenhum e ser um perfeito egoísta. Antes de amar abstratamente toda a humanidade, como é tão praticado em nossos dias, amar aos próximos, socorrer aqueles que a vida coloca em nosso caminho é mais real e já não é assim tão mal. As vias do Bem são múltiplas. Aquele que ama e educa bem os filhos já está nessa dimensão generosa, assim como aquele que ensina e eleva as almas. Não se deveria pensar que a única conduta válida é o admirável devotamento de uma madre Teresa e que estamos prometidos ao castigo eterno se não conseguimos imitá-la. Os talentos e as vocações são variados. O essencial é fazer frutificar o que nos foi confiado, ter batalhado de um modo ou de outro pelo bem, conforme nossas aptidões e nossas inclinações.

---

8. Mateus, VI, 26-33.

A SABEDORIA SUPREMA

A religião não exclui a sabedoria

Não pretendemos neste capítulo provar racionalmente a existência de Deus nem dar razão à interpretação tomista e católica do monoteísmo contra outras religiões. Tudo isso requereria análises metafísicas muito mais consideráveis, cujo resultado não pode ser assegurado de antemão. Nosso propósito foi infinitamente mais modesto: somente mostrar que a própria idéia da existência de um Deus único e legislador moral não compromete o ideal de sabedoria filosófica, mais precisamente aristotélica. Existe de fato uma concepção de Deus, ao menos a do catolicismo, que é compatível com a sabedoria que acabamos de elaborar e que a integra.

A felicidade espiritual

Agora que estou seguro de que não há oposição absoluta entre a religião e a sabedoria, de que a possibilidade da existência de um Deus legislador moral não arruína toda esperança de felicidade terrestre, posso pôr-me de novo em busca da verdadeira sabedoria. Fica bem entendido que esta é de certo modo provisória, uma vez que a definição de uma sabedoria definitiva é pendente da resolução dos grandes problemas metafísicos, e do primeiro deles, a questão da existência de Deus. Apenas quando eu estiver de posse de um conhecimento indubitável quanto à existência (ou à inexistência) e à natureza de Deus, e também quanto à moral autêntica daí decorrente, é que poderei ter a pretensão de enunciar alguma verdade definitiva sobre a conduta que devo ter nesta vida. Mas, como um conhecimento assim é árduo e longo para obter, como nem sequer estou seguro de descobrir um dia uma resposta segura e como, por outro lado, as exigências da vida se impõem e não me esperam, não é absurdo começar em primeiro lugar pondo-me em busca de uma sabedoria, ainda que seja deveras provisória. Aristóteles nos propõe algumas idéias profundas a esse respeito, mas um pouco inquietantes em certos aspectos, como o elitismo e as implicações políticas delas. Segundo ele, a felicidade residiria numa atividade que desenvolvesse a natureza humana, a saber, o pensamento contemplativo. Qual sentido e qual valor podem conservar tais idéias hoje? É isso que devo agora estabelecer.

Conflito com a concepção moderna do homem

Antes de mais nada, essa concepção do homem, que é sobretudo a da Antiguidade, pode hoje fazer algumas pessoas vociferarem. Segundo a ideologia dominante da modernidade, o homem é essencialmente um ser de sensação e de desejo. O homem tem direito à sua liberdade, que é liberdade de agir conforme seu desejo, tem direito ao respeito de seus desejos (não devemos criticá-los, seria atacar-lhe a dignidade!) e até tem direito à realização de seus desejos, que podem proporcionar-lhe a felicidade. Com efeito, a coletividade, a sociedade, o Estado devem obrar para permitir a satisfação deles. O mundo está aqui para isso. Tudo gira em torno dos desejos individuais. É por isso que o liberalismo econômico é a forma de organização política que se impõe em toda parte, já que é centrada na satisfação dos desejos. O que realiza um desejo é negociável, vendável, tem valor, e portanto estou disposto a comprá-lo. Essa é a lei suprema, que regula todas as coisas. Por conseguinte, concebe-se que o discurso que enuncia que o desejo nem sempre é bom, que não tem um valor absoluto, possa escandalizar. Aqueles que afirmam que o homem deve fazer um esforço sobre si mesmo para superar seus desejos mais vis, que deve cultivar-se, tornar-se mais inteligente e mais culto, parecem evidentemente de um arcaísmo ridículo. Na verdade, nossa civilização vive o conflito dessas duas lógicas, dessas duas concepções do homem, a antiga e a moderna. Pois persiste-se mesmo em impor com maior ou menor rigor exigências às crianças, mas somente na escola. Compreende-se que a educação esteja em crise, quando toda a sociedade gaba atitudes diretamente opostas! Os valores morais subsistem e se chocam de frente com o valor mercantil..., mas por quanto tempo ainda? Aliás, as reivindicações a respeito de todas as liberdades e de todos os desejos individuais se mesclam com as leis morais, de modo que já não se sabe o que é verdadeiramente moral. Pois o egoísmo e a liberdade absoluta significam também a possibilidade do mal.

O respeito pela vida e suas contradições

Contudo, esse culto do desejo contém em si o princípio de sua própria destruição. De um lado, se o desejo e a sensação definem o humano, esbate-se a fronteira entre o homem e o animal. De fato, vemos nossos contemporâneos extravasar nos animais um amor outrora reservado aos humanos: por exemplo, mimar esses animais com iguarias suculentas e caras enquanto crianças morrem de fome, sem que isso pareça uma infâmia. Além disso, se o desejo e a sensação possuem um valor supremo e são dignos de respeito, isso se dirige também aos animais, uma vez que sentem e desejam da mesma forma. Com toda a lógica, se não se deve matar um homem, não se deveria matar um animal. Mas dever-se-ia estender esse raciocínio a todos os viventes, às plantas também. Elas também desejam viver, também têm o direito de viver. Logo, deve-se impedir os homens de matar os animais e as plantas. A vida, ou ainda a Natureza, é o valor supremo que devemos respeitar. Mas, então, que acontece ao homem? Como poderá alimentar-se se deve respeitar toda forma de vida? Vê-se que essa posição é contraditória. O respeito absoluto à natureza e sobretudo à vida implica a morte do homem. Percebe-se isso por outro aspecto: alguns ecologistas acham que há homens demais na superfície da terra; se querem que o homem respeite a Natureza, ou seja, na verdade a biosfera, se querem que ele pare de modificá-la com suas técnicas, cumpriria que houvesse somente algumas centenas de milhões de homens na superfície da terra, em vez dos cinco bilhões atuais, segundos seus cálculos[1]. Que fazer com o excedente? A adoração do desejo, portanto da vida, portanto da Natureza, não levará à exterminação dos homens? Compreendam-me bem: evitar envenenar nossa água e nosso ar no interesse dos homens, e para isso lutar contra a ditadura do mercantilismo de vista curta, do capitalismo louco, essa é uma reação de bom senso, uma ecologia racional, que conserva o homem como finalidade. Mas pôr a Natureza como valor supremo, depois condenar toda a técnica e mesmo a vida humana, isso é um delírio novo e mortífero, em comparação ao qual o nazismo bem poderia um dia parecer como que amadorismo[2].

O fundamento do respeito pelo homem

De outro lado, boa parte da ideologia moderna pretende afirmar alto e bom som a dignidade e o valor absoluto de cada homem. Mas, se se concebe o homem unicamente como um

---

1. Os que militam pela "defesa da natureza" operam uma confusão entre dois conceitos: a Natureza e a Vida. A Natureza é o universo inteiro. Um deserto também é natural, contudo não se mobilizam para favorecer o desenvolvimento dos desertos! O que se quer proteger é, de fato, a vida. Isso tendo, em segundo plano, a idéia muito antiga de que a Natureza, que gera a vida, é uma potência que produz todas as coisas de modo bom e equilibrado, portanto é uma entidade inteligente, divina. A ciência moderna foi construída sobre o postulado oposto, de que a Natureza é apenas um conjunto de mecanismos cegos. De fato, parece bem que ela às vezes produz desequilíbrios e destrói espécies vivas inteiras quando estas deixam de ser adaptadas. Por que sempre acusar o homem de todos os males? A transformação de nosso sol em nova calcinará a terra e lhe destruirá toda vida, de modo tão inelutável quanto perfeitamente natural. Felizmente, os astrônomos prevêem que esse fenômeno ocorrerá dentro de alguns bilhões de anos.
2. Cf. Luc Ferry, *Le nouvel ordre écologique*, Grasset.

ser de desejo e de sensação, não se vê de modo algum o que fundamenta essa dignidade. Por que se deveria respeitar todo ser de desejo, portanto todo desejo? De uma parte, há desejos que são maus e devem ser proibidos. Da outra, cumpriria conferir o mesmo estatuto aos animais. Mas, por ora, bom número destes terminam sua carreira no fundo de nossos pratos e de nossos estômagos... Portanto, há mesmo uma diferença de dignidade entre os homens e os animais. Se esta não é arbitrária, deve ser fundamentada numa diferença de natureza. O pensamento filosófico tradicional sempre afirmou que não é o indivíduo desejoso que é digno de respeito, mas o ser pensante, consciente, racional[3]. Com efeito, se ele é capaz de ser responsável e moral, ou seja, de conduzir-se de acordo com uma idéia do bem, deve-se deixar-lhe sua liberdade, respeitá-la, enquanto não lhe der mau uso. É somente a posse do pensamento, da consciência, da razão que torna o homem digno de respeito. É precisamente isso que distingue o homem do animal e constitui sua natureza.

Polêmica de Sartre contra a idéia de natureza humana

Outra objeção provém da filosofia eminentemente moderna de Sartre. Sartre sustenta que o homem é livre, de uma liberdade *interior*, fundamental e absoluta, a que lhe permite escolher seus atos e que os filósofos denominam também livre-arbítrio (liberdade de *querer* que não se pode confundir com liberdade de *agir* de acordo com o que se quer, que é uma liberdade *exterior*, política ou civil). Se o homem é livre, não tem, pois, essência ou natureza. A idéia de natureza humana contradiria a liberdade do homem, pois, se ele tivesse uma natureza determinada, não teria a liberdade de ser outra

---

3. Cf. sobre essa distinção, sua origem filosófica e as coisas que põe em jogo, Alain Renaut, *L'ère de l'individu*, Gallimard.

coisa. Ora, diz Sartre, o homem não é como uma couve-flor, ele escolhe o que quer ser. Não é um ser-em-si determinado, mas um ser-para-si, um ser consciente, portanto livre para decidir sobre seu ser. De outro lado, a idéia de natureza humana implicaria a existência de um Deus que a teria definido (ou de uma Natureza como potência criadora inteligente, o que equivale ao conceito de Deus), o que Sartre acha inoportuno. Mas uma preferência pessoal pelo ateísmo não é uma prova da inexistência de Deus. Por outro lado, a idéia de natureza humana não contradiz tanto a liberdade do homem quanto Sartre o pretende; com efeito, a natureza do homem, tal como a concebem Aristóteles e toda uma tradição filosófica, difere daquela de qualquer outro ser, de um gato por exemplo. O homem é por natureza um ser racional, mas somente em potencial. Portanto é livre para fazer e tornar-se o que quiser. Há homens que decidem pensar o menos possível, não ser nem um pouco racionais. Portanto, o homem pode possuir uma natureza e ser absolutamente livre ao mesmo tempo. A mudança trazida pela noção de natureza humana situa-se de fato no plano dos valores. O homem deve tornar-se conforme à sua natureza, esse é seu bem, seu dever, mesmo que conserve a liberdade de se distanciar dela. Ao passo que Sartre pretende que não exista nenhum valor objetivo, *a priori*, e que o homem esteja condenado a inventar seus valores, ou a não ter outro valor além da liberdade. Essa é a razão profunda de sua oposição à idéia de natureza humana, idéia que implica uma moral que ele não quer. Poder-se-á fundamentar uma moral em sua concepção do homem? Sartre o afirma, mas em todo caso não disse muito mais a esse respeito, já que não pôde acabar seu livro sobre a moral[4].

---

4. Sartre esboça uma moral em sua pequena conferência *L'existencialisme est un humanisme* (Gallimard, col. "Folio"), mas os esboços de sua grande obra inacabada sobre a questão só foram publicados postumamente, com o título *Cahiers pour une morale* (Gallimard). As razões desse fracasso seriam muito interessantes de ser estudadas.

Afora esse conflito entre duas concepções da moral, podemos muito bem conciliar Sartre e Aristóteles. Sartre diz realmente que o homem não tem natureza e que é absolutamente livre. Mas ele é livre porque é pensante, consciente, porque é um ser-para-si. Portanto é possível dizer, se gostamos de jogar com as palavras, que ele tem como essência, ou natureza, não ter natureza, ser livre, ou ainda ser pensante. Um sartriano não deveria encontrar nada para reprovar nessas expressões. Assim também, não pode deixar de notar que certos homens querem pensar o menos possível e outros o mais possível. O pensamento não é portanto uma qualidade monolítica que caberia aos homens de modo uniforme e a despeito de seu querer (o que reduziria de fato a liberdade deles e lhes transformaria a essência em prisão!), mas ele depende, ao contrário, da vontade deles para ser atualizado ou não.

Assim, podemos sustentar com todo o direito que o pensamento é a atividade essencial e a natureza do homem. De fato, quando me dedico a ele, tenho o sentimento de desenvolver-me em conformidade com minha natureza e de levar uma vida digna de um ser humano.

Verdadeiro pensamento e falsa cultura

Aliás, devemos perguntar-nos qual tipo de conhecimento ou de prática intelectual constitui a atividade essencial do homem. Com efeito, nosso mundo instilou muitos simulacros de pensamento. O saber e o exercício mental em geral só estão presentes nas mídias sob as espécies de jogo-concurso, para distinguir quem saberá responder a tal pergunta, quem saberá formar a palavra mais comprida, calcular mais depressa etc. Essas evidentemente são apenas lamentáveis caricaturas de cultura, rebaixada a essa propensão humana para a competição, para medir-se em todas as coisas, ainda que as mais triviais, que produz igualmente a paixão pelo esporte cujas causas já analisamos. Certos pedagogos e autores de programas escolares têm, por sua vez, tendência a rebaixar o conhecimento à informação, a dados memorizáveis. Fariam bem em meditar nesta réplica de Einstein. A um jornalista que lhe perguntava qual era a velocidade exata da luz, que desempenha um papel tão importante em suas teorias, Einstein respondeu com altivez: "Por que querem que eu atulhe minha mente com números que podem ser encontrados numa enciclopédia qualquer? Prefiro deixar lugar nela para refletir!"[5]. Duas concepções de saber e do pensamento estão aí em confronto. O verdadeiro saber não é simplesmente a erudição, a repetição memorial, é capacidade de compreensão e de invenção. Uma teoria científica ou filosófica não requer ser aprendida para exibir sua cultura na sociedade, mas aclara o mundo. Ademais, ela fornece ferramentas conceptuais para conseguir pensar por si mesmo, para compreender outras coisas ou para inventar uma nova teoria, mais exata. Esse é precisamente o saber de tipo filosófico: é racional, produzido pela razão humana; portanto posso, raciocinando por minha vez, compreender as concepções de cada pensador, reconhecer pela luz de meu próprio espírito a verdade do que ele sustentou e dar prosseguimento às suas conclusões ou refutá-las. Aprendendo teorias racionais, aprendo a pensar racionalmente por minha vez. Essa é a superioridade dos saberes produzidos pela razão pura, como as matemáticas e a filosofia, sobre as formas de saber inferiores que Hegel denomina "históricas" e que poderíamos nomear melhor "factuais" ou "informativas". Pois, quando me informam de um

---

5. Certos pedagogos propõem como grandiosa reforma a substituição da memorização efetiva pela capacidade de documentar-se. Essa tirada de Einstein dá-lhes razão apenas aparentemente. Pois esquecem depressa demais as razões do desprezo de Einstein pela erudição. Poupar ao aluno os esforços da aprendizagem só tem sentido se desenvolvemos nele as capacidades de reflexão. Ora, isto requer ainda mais esforços e aprender um saber racional.

fato, não há nada que pensar, há somente que admitir, memorizar e repetir. Partes inteiras do saber e das ciências dos homens são apenas isso (o que está ficando hipertrófico atualmente!), mas os grandes filósofos, Platão, Aristóteles, Descartes, Spinoza, Leibniz, Kant e sobretudo Hegel, se empenham em mostrar em seus sistemas filosóficos que o núcleo essencial de todas as ciências autênticas possui uma natureza racional.

A arte

Assim, aprender coleções de fatos não é o exercício intelectual que me desabrocha e me deixa feliz, mas sim compreender o mundo. Por esse motivo, um bom romance, ou uma narrativa do passado, permite-me às vezes penetrar mais a psicologia dos homens do que muitos tratados. E o conhecimento verdadeiro torna-me fecundo e criativo, o que aumenta ainda mais minha alegria. Ademais, convém alargar a definição aristotélica do pensamento. Para Aristóteles, a realização da natureza humana, a forma superior de pensamento, é a filosofia, sobretudo a contemplação metafísica. Talvez ele tenha razão e seja essa a suprema realização do intelecto humano. Mas é forçoso constatar que o exercício da racionalidade metafísica não está ao alcance de todas as inteligências e que, por sinal, não se trata da única forma de atividade espiritual que proporciona um conhecimento do ser e certa fruição ao mesmo tempo.

A contemplação das obras de arte oferece a grande número de pessoas vivos prazeres estéticos. A arte permanece um insubstituível meio de acesso a um conhecimento de um certo tipo de realidade humana, por seus aspectos subjetivos e sentimentais. A arte é um modo de apreensão emocional e não conceptual do ser. Quase todos os humanos são sensíveis a certa forma de arte, seja ela a poesia, a literatura ficcional, o teatro, a música, a dança ou as artes plásticas. Cada qual possui assim sua via de acesso privilegiada à emoção e ao ser, se excetuamos, claro, os esnobes que poluem o mundo da arte, que só podem macaquear a emoção ou o amor e só fazem rebaixar a arte a um deplorável meio de distinção social.

Enfim, a contemplação estética não pode ser concebida, sem contra-senso, como puramente passiva e desprovida de atividade. As únicas exceções são as formas inferiores e grosseiras de arte, como a música que "martela" ou o cinema de grande espetáculo, que se impõem sem que se lhes peça e sem que se lhes possa resistir. Mas as obras de arte verdadeiras e sutis só se oferecem a uma mente atenta e voluntária. Há um esforço intelectual na leitura de um romance, ainda que cativante, há uma atividade espiritual de compreensão mais profunda do significado da história, de sua mensagem ou de sua moral. Assim também, um quadro descobre suas belezas a uma mente que lhe dá certo tempo de atenção e de contemplação e que, aliás, se enriqueceu de certa cultura. Nota-se, de fato, que em geral quem não sabe nada não compreende nada e tampouco aprecia alguma coisa nas obras pictóricas. Talvez isso fique ainda mais claro com a música clássica. Pode-se muito bem escutá-la sem ouvi-la, e então ela só constitui um ornamento caduco ou um incômodo. Para ouvi-la, há que fazer um esforço de atenção e de concentração. Há que aplicar a mente nela, e unicamente nela: é fácil pensar noutra coisa e deixar-se invadir por preocupações triviais! Mas quando nos fundimos na música a ponto de deixá-la desabrochar no mais profundo de nós, então sobrevém a emoção, que nos submerge e nos transporta. E parece, nesses momentos mágicos, que nossa alma vive afinal sua verdadeira vida de alma, que reencontra sua pátria perdida. Mas quantos esforços antes de chegar aí! Pois, para escutar realmente a música, todas suas sutilezas e todas as suas belezas, não basta uma atenção pontual, é preciso ainda toda uma educação do ouvido que necessita de anos de escuta. Felizmente, cada etapa é semeada de seus prazeres próprios. Há neófitos que só apreciam numa obra alguns grandes temas claros, fáceis e empolgantes, quando outros, mais aguerridos, saboreiam milhares de outras belezas sutis.

Hegel, em seu gigantesco sistema filosófico, cuja exposição necessitaria de uma obra muito mais volumosa, mostra como a arte, a religião e a filosofia são três vias de acesso ao absoluto e ao saber do absoluto. As duas primeiras, a arte e a religião, são modos inferiores, imperfeitos, porque sensíveis e com imagens, de apreensão do absoluto. Apenas a filosofia, quando é puramente conceptual e se alça ao plano da racionalidade dialética e especulativa, é adequada à apreensão do absoluto. A arte e a religião, para Hegel, são coisas do passado e devem ser superadas. Não há por que discutir essas teses de Hegel, sustentadas pelo mais potente dos sistemas de pensamento jamais elaborado pelo homem. Quando muito, pode-se observar que, para a maior parte dos homens, a especulação filosófica é bem árdua e que tanto a arte como a religião continuam a ser modos insubstituíveis de acesso às realidades supremas, e que isto continua válido para aqueles que fazem o esforço de filosofar. Para completar a tese de Aristóteles, convém afirmar que a arte e o pensamento religioso fazem parte da atividade superior do espírito humano, pela mesma razão que o conhecimento metafísico, e são a fonte de intensos prazeres espirituais.

Condições políticas da felicidade

Surge entretanto uma questão: poderá o homem satisfazer-se unicamente com o conhecimento e a cultura? A resposta exige considerar vários elementos. Em primeiro lugar, a vida do pensamento supõe todo um conjunto de condições. Se minha existência está sempre ameaçada, se sempre tenho fome ou se devo trabalhar sem descanso para ganhar somente com que subsistir, se devo continuamente lutar e defender-me contra aqueles que querem tirar-me a vida ou os bens, se o medo e a preocupação não me deixam jamais, é óbvio que não posso progredir na cultura. Tenho de possuir certa comodidade material, a segurança, a tranqüilidade de espírito, lazer para poder entregar-me ao exercício do pensamento. Portanto, tenho de reunir um conjunto de condições econômicas e políticas para que o desenvolvimento da cultura seja possível: prosperidade, paz, ordem, ensino etc. A possibilidade da verdadeira felicidade individual mostra-se, pois, indissociável da questão política. Conviria, em conseqüência, elaborar uma filosofia política para estabelecer qual seria a organização certa da sociedade. Certas sabedorias são num sentido mais ambiciosas do que a que pregamos junto com Aristóteles, uma vez que pretendem assegurar a felicidade pessoal mesmo no seio da desolação e da guerra. Mas já vimos que o epicurismo, o budismo e o estoicismo tinham como defeito não obter nada mais senão escapar à infelicidade, em vez da posse de uma felicidade real, e isto à custa de uma renúncia à verdadeira vida, ao desenvolvimento do que faz o ser e a dignidade do homem.

O desenvolvimento espiritual, fim político último

Por outro lado, podemos tirar algumas conseqüências dessa finalidade que reconhecemos no homem. Cumpre afirmar que o progresso do pensamento, da cultura, das artes e das ciências é também a verdadeira finalidade das sociedades humanas. Todas as outras instituições econômicas e políticas devem ser-lhe subordinadas e só recebem seu verdadeiro sentido desse objetivo superior. Mais do que uma questão de felicidade, é uma questão de dignidade da humanidade. Que valeriam os homens se só vivessem para o contentamento de seu ventre? Nada mais do que animais. É isso que cumpriria fazer os economistas e os políticos de toda a espécie e de todas as categorias ouvirem, eles que reduzem o homem a um ser puramente em busca de satisfações materiais. Essa idéia pode chocar num mundo inteiramente organizado em torno do saciamento de todos os desejos, da diversão e da obtenção do máximo de prazer – um mundo no fundo totalmente infantilizado. Mas existem seres que sentem profundamente esse valor da cultura, que sustentam que é preferível ler um livro a dedicar-se a distrações, por certo prazerosas, mas embrutecedoras. E isto não porque o estudo permite vencer melhor na vida e ganhar mais dinheiro, o que é um fim trivial, mas pura e simplesmente porque é mais nobre, porque eles sentem essa dignidade superior da inteligência e do conhecimento[6]. Aliás, esse talvez seja um gênero de homens em desaparecimento...

De outra parte, ao afirmar a superioridade da cultura nem por isso se desprezam as outras ocupações humanas, como certas pessoas acreditam erroneamente. Com efeito, a maior parte das atividades técnicas, econômicas e políticas são necessárias para a sobrevivência e para o bem-estar do homem, sem as quais o desenvolvimento do pensamento é quase impossível. Portanto, elas recebem dessa utilidade um certo valor, bem como todos que as realizam, mesmo que não sejam capazes de ser por si próprios suportes do progresso espiritual. O lavrador, o merceeiro e o cozinheiro, que nos alimentam, o empreiteiro e o pedreiro, que nos dão um teto, o policial e o soldado, que mantêm a paz e protegem nossas vidas, são preciosos auxiliares do desenvolvimento cultural: assim devem ser enaltecidos nessa proporção. Mas convém não inver-

---

6. Há uma justificação filosófica mais profunda para dar desse sentimento, que encontramos no pensamento de Hegel, mas isto nos arrastaria a considerações metafísicas que vão além do âmbito desta obra.

ter as hierarquias de valores e deixar o homem somente ávido de riqueza proclamar-se centro e meta do mundo.

Da amizade

Nenhum homem pode viver absolutamente sozinho. Preciso de relacionamento com os outros, e não somente para satisfazer minhas necessidades econômicas. Quase não é possível pensar sozinho. Robinson Crusoé, solitário em sua ilha, torna-se lentamente estúpido, como mostra judiciosamente Michel Tournier em seu romance *Sexta-feira ou os limbos do Pacífico*. Os pensamentos dos outros são necessários para instruir-me e estimular-me. A comunicação amistosa com o pensamento de um outro ser é indispensável, diz Aristóteles, porque sou um espírito finito. Não possuo, como Deus, que é pensamento do pensamento, uma consciência infinita, totalmente reflexiva. Para conseguir tomar plenamente consciência de mim mesmo e de minhas idéias, necessito de uma relação com outro espírito. O amigo é como um espelho espiritual, que acaba e completa minha consciência. Necessito de amizade para conseguir usufruir plenamente minha vida espiritual.

A mediação dos livros é também extremamente preciosa. Graças a eles, posso conhecer as idéias dos maiores gênios que a humanidade tenha produzido. Eles vêm a mim, para além dos tempos e dos espaços, da distância e da morte. Será que um dia se dirá o suficiente que bênção representa a transmissão pela escrita? Mas os livros não bastam. Não podem responder às perguntas que lhes fazem. E tenho necessidade, para ser incentivado a pensar, da emulação dos outros, e até de certa eficácia de meu pensamento no mundo. Se o que penso não interessa a ninguém, não desperta nenhum eco, não produz nenhuma mudança no mundo, muito depressa naufragarei na indolência e na desesperança. Portanto, devo ter amigos, uma vez que cada ser humano deseja o reconhecimento do valor de seu ser por algumas outras consciências. Além disso, apenas o magnânimo é capaz de amizade verdadeira, sustenta Aristóteles. Com efeito, o homem sábio, que trabalha para desenvolver seu espírito, conhece seu próprio valor e possui certa estima de si. Logo, procura contentar-se consigo mesmo e pode desprezar os bens exteriores. Ou, mais exatamente, estima que deferências e honrarias lhes são legitimamente devidas. Ele as acolherá com simplicidade, mas não fará sua felicidade depender delas. Não correrá atrás delas, não se entregará a comprometimentos ou a baixezas para obtê-las, como fazem tantos outros homens que sabem de tal modo que no fundo de si mesmos não têm nenhum valor que se aferram a conquistar honrarias e riquezas para captar assim o amor de outrem. O magnânimo, se se vê injustamente despojado da estima que lhe é devida, saberá desprezar a sorte contrária e os indivíduos mesquinhos que só admiram as riquezas perceptíveis aos olhos grosseiros do corpo. Por conseguinte, o sábio desdenhará as relações sociais superficiais, fundadas unicamente no interesse ou nos prazeres baixos. Com efeito, a maioria dos homens só convive entre si para escapar ao tédio da solidão. Os pretensos amigos estão ali para distrair você de você mesmo, para criar uma animação factícia. Outros são levados apenas pela avidez. Procuram sempre o meio de ganhar algum dinheiro, de travar relações úteis, de encontrar a ocasião de alguma promoção social. Através de todas essas momices e convenções sociais, não conseguem escapar à verdadeira solidão, aquela que não larga você nem sequer no meio da multidão, a solidão terrível da alma às voltas com o egoísmo, incapaz de amizade sincera. Ao contrário, o homem que se elevou espiritualmente acima de tais condutas mesquinhas pode dar uma amizade autêntica e desinteressada. Com efeito, a solidão não pesa muito, pois nunca se está verdadeiramente sozinho, mas sempre em companhia de grandes idéias, de grandes espíritos e de grandes obras. Entre virtuosos sós podem atar-se essas amizades perfeitas, das quais as outras amizades não passam de imitações caricaturais.

Do uso correto dos prazeres carnais

No entanto, é bem evidente que não sou um puro espírito, que pode entregar-se permanentemente a atividades de conhecimento. Talvez seja assim depois de minha morte, quando minha alma ficará livre de meu corpo. Mas, enquanto estou nesta vida, preciso contar com meu corpo, que tem suas exigências próprias, e com o cansaço e a lassidão, que fazem com que eu tenha necessidade de repouso e de distração para recarregar a energia de meu espírito. Não posso levar uma vida puramente contemplativa, mas somente o que Platão chama de uma vida mista. Quanto aos desejos do corpo, por exemplo os apetites carnais, pode parecer desejável superá-los, a fim de não sofrer quando se está na incapacidade de satisfazê-los. É isso que prega a maioria das sabedorias, sem contar os moralistas e os religiosos, que os condenam pretendendo que sejam moralmente maus e só os toleram para fins reprodutores.

Mas essa atitude ascética talvez não seja a melhor. O que convém evitar é que os desejos sexuais dirijam e encham toda a nossa vida e nos desviem dos objetivos mais elevados. Ora, segundo a natureza dos indivíduos, a repressão às vezes tem como conseqüência que não se pare de pensar neles, que ocupem todo o espírito, envenenem e paralisem todas as outras atividades. Toda a energia se esgota em vão nessa luta pela castidade. Não será preferível deixar-se levar à satisfação desses desejos, desde que se possuam também outros centros de interesse, que não se ocupe somente com eles? Uma vez saciados, deixam o espírito sossegado, disponível para todas as espécies de atividades. Ademais, trata-se de prazeres entre os mais intensos que possamos experimentar nesta terra, afinal de contas em geral muito fáceis de proporcionar-se e que não arruínam a saúde se se observam algumas precauções mínimas, das quais a mais simples é atar relações de fidelidade. Esses pequenos prazeres quotidianos nos proporcionam alegria e deixam a alma apaziguada e de bom humor. A sabedoria é, pois, não se privar deles, mas tampouco esperar, da satisfação apenas desses desejos, que ela nos proporcione a felicidade absoluta. Devemos possuir outros interesses e outras fontes de alegria. Isso viria com toda a naturalidade limitar esses desejos, mantê-los em seu devido lugar, evitar sua inflação e sua hegemonia, que são as únicas coisas verdadeiramente más e temíveis neles.

Infelicidade dos seres desprovidos de ideal

Levanta-se outra questão: todos os homens podem experimentar essa felicidade espiritual, essa satisfação íntima nascida de uma vida equilibrada, que combina os pequenos prazeres da existência, os atrativos do amor e da amizade com o contentamento mais profundo de trabalhar para o desenvolvimento de sua natureza racional e para a dignidade da humanidade? Infelizmente, há que reconhecer que não. Nem todos os homens são igualmente racionais. É claro que muitos dentre eles não têm muito prazer em aprender, em adquirir conhecimentos, já havíamos observado. O intelectual só pode lamentar aqueles que são desprovidos de gosto pelas ciências e pelas artes. São privados de imensos prazeres e, por conseguinte, não parecem muito capazes de conhecer a felicidade, a não ser que sejam dotados pela natureza de um gênio muito alegre ou sejam favorecidos pela sorte. Mas quantos não vemos que carecem da mais elementar sabedoria e não param de lamentar-se durante a vida inteira sobre a menor coisa que lhes falta, ainda mais dinheiro ou honrarias, uma melhor situação, ao passo que existem tantas coisas belas no mundo com que poderiam alegrar-se? Mas isso suporia que o espírito deles fosse capaz de elevar-se à contemplação dessas coisas, em vez de permanecer mesquinho e fechado num círculo de preocupações medíocres. Aqueles que são apenas seres de desejo provavelmente nunca alcançarão a felicidade. Ela parece reservada aos que saboreiam as alegrias espirituais. Talvez seja nesse sentido que se deva compreender a dedicatória que Stendhal põe no início de seu romance *O vermelho e o negro*: *To the happy few*, "Para os poucos felizes". Esses poucos felizes são decerto os capazes de elevar-se acima das paixões vulgares e de entregar-se a emoções estéticas, à vida da alma, a exemplo da trajetória de seu herói. Julien Sorel acaba escapando de sua devoradora ambição de poder, de glória e de riqueza, para tomar consciência da vaidade das coisas terrenas. Somente então, na prisão, condenado à morte, nada mais tendo para esperar nem para conquistar, nesse desapego e nesse apaziguamento, pode dedicar-se a puros sentimentos, à alegria de existir e de amar, experimentar afinal uma felicidade de que todos os seus esforços e seus sucessos mundanos jamais lhe haviam permitido aproximar-se. Esse é o relato de uma iniciação, de uma conquista da sabedoria.

Afirmar que os homens são desiguais, mesmo simplesmente em seu gosto por adquirir conhecimentos, é julgado politicamente incorreto em nossos dias. É curioso, porque no tocante ao apetite de cultivar-se, a diferença é assaz flagrante. É também curioso, pois a discriminação dos outros grupos humanos é uma das paixões fundamentais da humanidade.

O intelectual pode reclamar um mínimo de tolerância para a sua função, que é a de ir no sentido contrário das idéias aceitas, dos dogmas do pensamento único e da ideologia dominante, portanto a de desagradar, de chocar, de incomodar. Tanto pior se é muitas vezes parcial e excessivo em seus ataques contra a sociedade presente. Assim como se endireita uma barra de metal torcida vergando-a na outra direção, a verdade sai da polêmica e o progresso do choque dos contrários. Enfim, para chegar à afirmação da diferença, nem sequer de atitudes, mas somente de gostos entre os seres, no entanto patente, cumpre notar que a única coisa que deveria parecer escandalosa do ponto de vista democrático seria partir da constatação de uma desigualdade de natureza ou de valor entre os homens para daí deduzir uma desigualdade de direitos políticos fundamentais. Afirmar que há homens menos inteligentes ou menos doutos do que outros não pode ser legitimamente considerado um crime (e ainda assim cumpriria definir o que é inteligência!). Sustentar que os menos inteligentes devam ser privados do direito de voto ou mesmo do direito de decidir a conduta da vida deles, portanto serem considerados crianças menores ou escravos, é só isso que pode chocar um democrata. A igualdade dos direitos é a justiça mesma, mas não se deve confundi-la com a afirmação da igualdade das capacidades entre os homens, que é manifestamente uma contraverdade e não poderia ser o fundamento da primeira. Em conseqüência, enunciar junto com Aristóteles que as pessoas desprovidas de desejos intelectuais são menos aptas para ser felizes, e aliás ficar muito triste por elas, não deveria ser considerado moralmente condenável. Isto nem sequer é afirmar que elas devam mudar sua natureza, ou que se vá coagi-las a isso. A sabedoria que defendo é muito liberal. Peço somente o direito de dizer que certos indivíduos não sabem agir bem para ser felizes. Nada mais. Ouça e siga quem quiser. Mas cada qual continua livre para viver como deseja.

Superioridade dos prazeres intelectuais

Portanto, podemos pensar que temos condições de obter a felicidade na medida em que somos capazes de apreciar alegrias espirituais. Isso supõe que superemos nossos desejos inferiores, ou ao menos que os dominemos, que os mantenhamos em seu devido lugar, sem nos deixar dirigir e arrastar por eles em sua espiral inflacionista. As alegrias espirituais são em primeiro lugar os prazeres do conhecimento, que possuem duas características dignas de nota. O desejo de conhecimento, para trazer certa satisfação, não necessita do conhecimento absoluto, ainda que seja esse seu fim último. O mero fato de progredir no conhecimento contenta quem é animado por tal desejo. Nisso esse desejo espiritual é mesmo o inverso dos desejos materiais nos quais a posse nunca é bastante completa para que se fique satisfeito; o avarento nunca tem ouro suficiente, Don Juan nunca tem mulheres suficientes, o enamorado, segundo Proust, nunca mantém o ser amado suficientemente prisioneiro etc. Em segundo lugar, compartilha-se o conhecimento, diferentemente das riquezas materiais, que são exclusivas e condenam o homem ao egoísmo. Quem é orgulhoso de seu tesouro, de sua glória, do amor de sua mulher, recusa compartilhar tudo isso e tem como constante cuidado eliminar deles os outros. Ao inverso, quem conhece alguma verdade, ou quem se encanta com alguma beleza artística, compartilha continuamente sua felicidade com outros. O sábio gosta de ensinar, o artista almeja ser ouvido. E posso transmitir meu saber sem que nunca se esgote sua riqueza, posso fazer que milhões de pessoas ouçam uma música sublime, leiam um livro profundo, sem que a beleza deles se altere. O desejo dos bens materiais condena a humanidade ao egoísmo, à rivalidade e à guerra; o amor aos bens espirituais nos leva à amizade, à fraternidade e à paz.

Além do conhecimento, esses bens espirituais comportam, claro, as obras de arte. Mas existem alegrias puras que podemos experimentar mesmo que não sejamos um intelectual, as que nos proporcionam nossa virtude, a satisfação de dominar nossa própria vontade, o que Descartes chamava de generosidade. Convém acrescentar ainda isso entre os bens espirituais, que Aristóteles um tanto apressadamente havia reduzido a apenas a contemplação metafísica. E tais bens podem ser apreciados nas mais cotidianas situações, por exemplo, o contentamento de ter cumprido sua tarefa ou seu dever, o que supõe ter superado mediante a vontade os desejos de preguiça e de distração. Até o mais humilde dos operários pode orgulhar-se com um legítimo orgulho se é guiado pelo amor ao trabalho bem feito. Da mesma forma, ser capaz de nutrir um amor fiel supõe que domino minhas tentações e meus desejos de aventuras, e posso sentir alguma alegria por possuir tal virtude.

A maioria dos homens só faz pensar no que lhes falta e afligem-se com isso. Tornam-se infelizes, por não disciplinar o espírito e os desejos. A verdadeira sabedoria é, antes, pensar no que se possui e regozijar-se disso, como mostraram Epicuro e os estóicos. Por certo, criticamos um pouco o que a doutrina deles podia ter de excessivo. Não nos pareceu que se possa realmente ser feliz no mais total despojamento. Ademais, certos desejos parecem legítimos se contribuem para o desenvolvimento espiritual do ser humano. Mas quase todos, em nossa sociedade, se queixam de não ter o suficiente. Imaginam que um pouco mais de dinheiro, de tempo livre, de férias lhes bastaria para ser felizes. Infelizmente, essa é uma espiral sem fim. A experiência mostra bem que, mesmo com uma fortuna considerável, servidores zelosos, uma vida de pura ociosidade e de pura distração, o homem ainda encontra o meio de entediar-se e de ser infeliz. Ao passo que, a partir do momento em que eu me beneficio de uma situação mediana como nossa sociedade oferece, ainda que muito medíocre comparada com a existência dourada dos bilionários, eu deveria ainda assim regozijar-me de poder conviver pelo espírito com Beethoven, Shakespeare ou Van Gogh. Seria mostrar-se bem difícil e bem mesquinho não se encantar com toda a beleza e com toda a inteligência generosamente prodigalizadas pelos gênios da humanidade. E há também alegrias mais simples que podemos experimentar, como a do maravilhoso milagre, a cada manhã renovado, de estar vivo. Com a condição de saber fazer que se cale o clamor ávido de nossos desejos insaciáveis, podemos saborear o mundo a todo instante e regalar-nos com os jogos de luz sobre as coisas familiares, com a bênção de um dia ensolarado ou com o suave canto da chuva, com a tagarelice de uma criança ou com o sorriso de um ente querido.

A sabedoria, cuidado de si e superação

A sabedoria verdadeira reside no meio certo, num sutil equilíbrio entre duas direções opostas, o cuidado de si e o esquecimento de si. Convém primeiro saber um pouco pensar em si e pôr-se numa disposição interior que permita apreciar esses momentos da existência. Para tanto, cumpre resistir às forças alienadoras do nosso mundo. Com efeito, a sociedade nos encarrega de tarefas, de deveres que nos deixam estressados, nos angustiam, enchem nosso espírito de cuidados e nossos dias de agitações contínuas. Pascal observa também que mantemos uma relação um pouco perversa com a temporalidade:

> *Que cada qual examine seus pensamentos, ele os encontrará todos ocupados com o passado e com o futuro. Quase não pensamos no presente e, se pensamos nele, é apenas para pegar-lhe a luz para dispor o futuro. O presente jamais é nossa meta. O passado e o presente são nossos meios, apenas o futuro é nossa meta. Assim nunca vivemos, mas esperamos viver e dispondo-nos sempre a ser felizes, é inevitável que jamais o sejamos*[7].

Com efeito, passamos o tempo preocupando-nos com o futuro, quer temendo-o e angustiando-nos, quer esperando-o

---

7. *Pensées*, ed. Brunschvig, nº 172; ed. Lafuma, nº 47.

radioso, impacientando-nos que ele chegue afinal, esgotando-nos na tarefa para prepará-lo. Piores ainda são os que não param de ter saudades de um passado que já não existe, e nunca voltará, e abordam com desprezo tudo que o presente lhes oferece. Estragam com sua prevenção qualquer nova satisfação possível. Assim, não parando de ruminar o passado ou projetando-nos no futuro, nunca vivemos o presente, nunca experimentamos alegria nem felicidade. Pascal acha essa "miséria do homem sem Deus" irremediável. Podemos, contudo, esperar encontrar algum antídoto para essa propensão deplorável. Epicuro não está errado quando diz que saber sentir prazer, "colher o dia" que passa e suas satisfações, é toda uma arte. Há que aprender a marcar um tempo de pausa na corrida desenfreada que nos impele para o futuro, tornar a centrar nossa existência em nós mesmos, parar de dispersar-nos em mil coisas do mundo, expulsar da mente as múltiplas preocupações e saborear o instante presente. Proust observa que, mesmo quando estamos vivendo momentos muito agradáveis, por exemplo na companhia de um ente amado, não os aproveitamos, porque estamos inteiramente ocupados em agir, em falar, em parecer aos olhos dos outros. Vivemos totalmente no exterior de nós mesmos e isso nos impede de experimentar, e sobretudo de saborear, nossos sentimentos íntimos. É por isso que Proust pensa que a felicidade só pode ser atingida na lembrança, fruindo *a posteriori* as boas coisas que vivemos, e se põe em busca do seu passado em *Em busca do tempo perdido*. Mas aí também podemos esperar lutar contra essas forças dispersadoras que não param de tornar-nos ausentes a nós mesmos e aprender a ficar à escuta de nossa alma e de nossos sentimentos profundos.

Todavia, de outro lado, não é procurando em todas as ocasiões o prazer que se alcança a felicidade. Essa busca é perigosa e vã, pois a plenitude da satisfação não pára de fugir para o infinito, como o demonstramos suficientemente.

Não devemos votar-nos à satisfação dos desejos imediatos, mas devemos também querer crescer, alçar-nos acima do que somos espontaneamente, realizar em nós uma aproximação de um ideal de humanidade. Não devemos ensimesmar-nos no ego, mas abrir-nos para as belezas do mundo, da natureza e também do universo do espírito. Devemos superar-nos e esquecer-nos de nós mesmos, atribuir-nos algum objetivo nobre e elevado. Aquele que busca a felicidade pelos prazeres sempre renovados é continuamente decepcionado. Nada está à altura de suas esperanças, nada preenche suas expectativas. Ele só encontra o amargor da desilusão. Em compensação, aquele que se atribui uma finalidade boa que supera sua pessoa, que sabe devotar-se por ela e às vezes esquecer-se de si mesmo, apenas este pode experimentar essa satisfação íntima de ter bem obrado.

A verdadeira sabedoria se encontraria, portanto, na delicada aliança dessas duas dimensões opostas, de volta a si mesmo e de superação de si mesmo. Essa união pode ser entendida como uma articulação temporal, cuja primeira etapa constitui uma preliminar necessária e a segunda uma realização. De fato, cumpre desprender-se do mundo, de seus prestígios enganadores, da fascinação dos objetos, da riqueza, das aparências, das condições para tornar a centrar-se no essencial, no que possui um valor verdadeiro. Mas é também em cada dia de nossa vida que devemos combinar essas duas dimensões. Atribuir-se um grande desígnio não deve excluir os pequenos prazeres. Convém compor a vida como uma música, alternando tensões e distensões, aspiração ao ideal e atenção ao concreto. Não devemos perder-nos nem nas grandes coisas nem nas pequenas, mas navegar nesses dois planos e aprender a combiná-los harmoniosamente.

Posfácio:
atualidade e devir da filosofia

Procurando responder a esta pergunta: "Como viver para ser feliz?", encontramos inúmeras doutrinas filosóficas, mas também vários problemas. Antes os contornamos do que os resolvemos, a fim de evitar lançar-nos em análises amplas demais, difíceis demais e com desfecho muito incerto. O resultado é que as conclusões a que chegamos são apenas provisórias. Elaboramos uma sabedoria racional, mas sem elucidar se Deus existe, se possuímos uma alma imortal, nem o que são as verdadeiras injunções da moral e o sistema político certo, o que asseguraria ou favoreceria a felicidade dos homens. Nossa sabedoria é compatível com certa ignorância sobre esses assuntos, mas essa ignorância é incômoda e torna incertas as nossas escolhas existenciais. Seria infinitamente preferível ter certezas sobre essas questões metafísicas, morais e políticas, mais exatamente certezas que não fossem ilusões e sim um conhecimento da verdade. Somente então poderíamos elaborar uma sabedoria definitiva e escolher regras de conduta na existência absolutamente válidas. No fundo, para viver bem, temos necessidade de um saber das coisas essenciais, ou seja, de uma filosofia que seja quase completa e acabada. O saber científico e técnico, por certo útil ao nosso bem-estar, parece, se refletirmos bem nisso, menos indispensável para a nossa felicidade. Vemos que não escapamos à interrogação filosófica. No entanto, é curioso que a humanidade em seu conjunto consagre infinitamente mais tempo, meios e energia, ao domínio técnico da Natureza do que à investigação filosófica. Aparentemente, prova de certa falta de reflexão, e notadamente questionamento da crença ingênua de que a felicidade se acha no poder e na riqueza.

Poderiam objetar que é impossível atingir conhecimentos definitivos nessas diferentes matérias. Mas essa é a tese de uma filosofia específica, o cepticismo, cuja validade ainda seria preciso provar e cujas conseqüências existenciais conviria examinar em seguida.

Impõem-se hoje duas tarefas aos pensadores: de um lado, tentar resolver os problemas metafísicos, morais e políticos; do outro, difundir a filosofia e deixá-la acessível ao maior número de pessoas. Isso requer algumas precisões sobre o objetivo e a evolução da filosofia e sobre sua situação neste final do século XX.

A origem e a evolução da filosofia

Os homens vivem interrogando-se sobre os meios da felicidade, sobre a justiça, sobre a organização política certa, sobre o sentido da existência deles. Tais questionamentos caracterizam, aliás, a humanidade. Via de regra, os homens encontram respostas nas tradições transmitidas pela educação, nas crenças religiosas, na ideologia de seu grupo social ou nas preferências pessoais, nas idéias na moda e no clima da época. Têm sobre todos esses assuntos suas opiniões e cada qual pensa ser o dono da verdade. Aqueles cuja opinião difere da deles estão necessariamente enganados. E quantas discórdias, quantas guerras são acarretadas por esses conflitos de opiniões: entre republicanos e monarquistas, fascistas e democratas, comunistas e capitalistas, católicos e protestantes, seguidores de Cristo e de Maomé!

O filósofo é aquele que esse espetáculo da divergência e do antagonismo das crenças interpela. Ele chega a duvidar de suas próprias opiniões: que é que lhe garante que elas sejam verdadeiras? As palavras dos pais, dos ancestrais, dos padres, dos chefes políticos será sempre infalível? E meus desejos pessoais de acreditar nisto mais do que naquilo serão um penhor de verdade? De modo algum. Portanto, é de toda opinião que se deve duvidar, tanto das minhas como das dos outros. O espírito filosófico começa aqui, com esta modéstia, com esta tomada de consciência socrática: "Sei que eu não sei nada." Mas também com o desejo de saber, de encontrar por fim a verdade. O filósofo duvida, não pelo maligno prazer de duvidar e de contestar tudo, mas por aspiração à verdade, à certeza definitiva. Move-se entre esse entremeio paradoxal: duvidar para ter certeza. Chegará ele um dia à verdade? Muitos o esperam e pensam que a razão humana pode descobrir verdades absolutas. Alguns são mais pessimistas e proclamam a razão relativamente impotente, portanto a dúvida vencedora e definitiva. Isso ainda é filosofia, mas filosofia céptica: sabe-se que não se sabe e que jamais se poderá saber. Ao menos isto leva a livrar-se da ilusão do saber, das ideologias conquistadoras e convida a uma certa tolerância.

O cepticismo de Hume

Faz tantos séculos que os filósofos discutem, a que conclusão chegaram? perguntarão. O próprio fato de todos os filósofos se contradizerem uns aos outros não manifesta o fracasso da filosofia? Com cada um destruindo a doutrina dos outros, não sobrará apenas um campo de ruínas? De fato, cada grande pensador explica de uma certa maneira os procedimentos errantes da filosofia. Para um céptico como o inglês David Hume, no século XVIII, o espírito humano não pode conhecer verdade alguma. Isso quer dizer que não só as outras filosofias, mas também todas as teorias físicas ou matemáticas são ao pé da letra falsas. Não passam de crenças, até 1+1=2. Hume desenvolve análises geniais para convencer-nos dessas extravagâncias. Quando muito ele distingue entre crenças nocivas, que devem ser erradicadas, e crenças úteis. Com efeito, as crenças metafísicas são perigosas: os homens matam uns aos outros em nome de discussões sobre a existência de Deus ou sobre o princípio político certo; enquanto as crenças científicas são, antes, úteis à vida: a experiência mostra que é judicioso acreditar que o pão vai continuar a nutrir-nos ou que a matéria é impenetrável ao invés de duvidar disso e de se obstinar a atravessar as portas sem abri-las, mesmo que no fundo ninguém saiba se, no instante que se segue, o universo vai continuar idêntico ao que era! Portanto, devem-se queimar os livros de filosofia e de metafísica, conclui Hume no final de sua *Investigação sobre o entendimento humano*, pois eles são nocivos...

O dogmatismo de Platão a Husserl

A maior parte dos grande pensadores, ao contrário, são dogmáticos, no sentido filosófico do termo[1]: avaliam que o espírito humano pode descobrir a verdade e afirmam ter chegado a ela. Platão, Aristóteles, Tomás de Aquino, Descartes, Spinoza, Leibniz, Bergson, Husserl e alguns outros pretendem produzir o sistema filosófico verdadeiro, rigorosamente demonstrado pela razão. Explicam por que seus antecessores se enganaram, não analisando as coisas de modo suficientemente aprofundado, ficando prisioneiros de preconceitos e de falsas aparências. Reconhecem, porém, que as tentativas dos outros pensadores para elaborar uma filosofia verdadeira lhes serviram de base. Seus predecessores forjaram conceitos cada vez mais refinados que lhes foram úteis. Há, portanto, um progresso na filosofia, que vai do erro à verdade. Ademais, Husserl, grande pensador do início do século XX, acha

---

1. Cf. nota p. 12.

que se ateve a estabelecer os fundamentos de uma filosofia enfim verdadeira e que sua disciplina, a fenomenologia, ou seja, o estudo de toda realidade na medida em que é um fenômeno para a consciência humana deverá ser continuado e desenvolvido por numerosos sucessores e por todo um trabalho de equipe. Teve inúmeros discípulos, mas que em geral adotaram opções originais que os fizeram sair mais ou menos da simples continuação da obra do mestre.

O criticismo de Kant

Outra posição, o criticismo de Kant (1724-1804), mostra-se uma sutil síntese de dogmatismo e de cepticismo. A ciência metafísica é ilusória, porque o espírito humano não pode ter acesso ao conhecimento da realidade absoluta, sustenta Kant. Essa é uma ilusão necessária, que responde a um desejo fundamental da razão e que sempre se deve combater e denunciar de novo, para evitar os fanatismos. Kant explica todas as filosofias do passado como sendo outros tantos erros inevitáveis. Isso implica que as ciências experimentais da natureza, que possuem, por sua vez, uma certa exatidão, só atinjam contudo o conhecimento dos fenômenos, portanto uma verdade relativa, limitada, e não tenham acesso à realidade última. As ciências não substituem a metafísica. Nenhuma das duas pode provar ou refutar a existência de Deus, tampouco, aliás, afirmar que a matéria é bem real. Segundo o grande físico contemporâneo Bernard d'Espagnat, cerca de 80% dos teóricos de física contemporâneos estariam de acordo com essa tese, difundida com o nome de "filosofia da experiência", principalmente pela mecânica quântica[2]. Kant sustenta também que a moral não tem a menor necessidade de um fundamento metafísico e explicita as exigências éticas

---

2. Cf., de Bernard d'Espagnat, *À la recherche du réel*, Gauthier-Villars, 1981.

absolutas. Desde o fim do século XVIII e até hoje, numerosos pensadores se pautam por Kant.

A filosofia especulativa de Hegel

Enfim, Hegel propõe uma visão especulativa ainda mais sutil da evolução da filosofia. Empenha-se muito em demonstrar que há aí uma necessidade e um progresso e que cada filosofia é mais insuficiente do que errada. Cada uma delas contém uma parte de verdade. Com efeito, cada grande filosofia é uma tentativa de realizar A filosofia, uma compreensão global do mundo, uma ciência total. Como o espírito humano não poderia alcançá-la facilmente, nem sobretudo logo de saída, essa filosofia é necessariamente parcial, insuficiente. Despreza certos aspectos da realidade e é, portanto, refutada por outra filosofia que, por sua vez, os leva em conta. Assim, temos duas filosofias que parecem opor-se, contradizer-se. A segunda é igualmente insuficiente e sobrevém uma terceira que, em vez de voltar à primeira por um simples movimento de gangorra, opera uma síntese e ao mesmo tempo uma superação das duas primeiras, constituindo uma filosofia mais rica e mais sutil. Mas, se ela se revela insuficiente, vai suscitar por sua vez uma oposição, depois uma nova síntese. Por trás da contradição aparente das filosofias oculta-se portanto um progresso real. E essa evolução prossegue até que se chegue a um sistema que seja uma compreensão total do real, quando os tempos e o espírito humano estiverem suficientemente maduros para produzi-lo. Hegel pensa expor esse sistema. Embora sua pretensão possa parecer grande, deve-se assinalar que é também de certa modéstia: ele não afirma, como tantos outros, ter encontrado o caminho da verdade sozinho, ter vencido com um rasgo de genialidade séculos de obscuridades e de erros. Ao contrário, apresenta-se como o fruto de toda uma história, o resultado de uma longa evolução. É o pensador que teve a sorte de situar-se no momento certo da história, aquele em que a grande síntese pode ocorrer. Afirma apresentar o discurso de todos os discursos possíveis, de todas as posições de pensamento, ordenadas e hierarquizadas consoante seu grau de perfeição. Se outras filosofias nascerem depois dele, serão apenas a retomada de um ponto de vista particular já superado por seu sistema. Um profeta assim mereceria que o examinassem atentamente. Infelizmente, os textos de Hegel têm um estilo conceptual tão denso que a leitura deles parece estar reservada a um punhado de eruditos. E aqueles que consagraram a vida a seu estudo confessam humildemente que não conseguem compreender tudo! Mas, mesmo que só se apreenda um pouco de seu pensamento, ele ilumina-nos o espírito e dá-nos o sentimento de termos ficado muito mais inteligentes.

A situação da filosofia hoje

Como está a filosofia hoje? Ater-me-ei a algumas breves indicações, assim como acabei de enumerar umas teses sem seus argumentos, elaborando uma espécie de catálogo das posições, o que é bem pouco filosófico. Primeiro, o sentimento dominante parece-me ser o cepticismo. A filosofia não é em absoluto reverenciada como uma ciência; sua imagem pública é, antes, inconsistente e apagada. Isso se deve a fatores externos e internos. Entre os fatores externos, há a concorrência das ciências e das ciências do homem, que tentam monopolizar os objetos da filosofia[3]: as ciências naturais pro-

---

3. Os grandes teóricos científicos sabem de fato a que ponto as ciências nasceram de especulações filosóficas, são sua aplicação e continuam a alimentar-se nela. Um pouco de cultura histórica e de reflexão epistemológica basta para evidenciar essa dependência das ciências para com a filosofia. Ver, por exemplo, de Thomas Kuhn, *La structure des révolutions scientifiques*, Flammarion, col. "Champs", 1983.

duzem teorias explicativas, verificadas experimentalmente, e parecem recusar as concepções metafísicas; as ciências humanas, que tentaram construir a partir do modelo das ciências físicas, apoderam-se das questões relativas ao psiquismo, à sociedade, à moral e à política e excluem desses campos a reflexão filosófica, daí em diante privada de objeto. Acrescenta-se a elas a ideologia positivista que pretende que as ciências sejam exatas e rigorosas porque dependem de métodos experimentais em total ruptura com os raciocínios filosóficos. De outra parte, a filosofia é atacada do interior, por pensadores que se dizem filósofos, mas que duvidam do valor e da própria possibilidade da filosofia. Depois da morte de Hegel, a fascinação que seu sistema exercera na Europa diminuiu e ele achou-se duramente criticado, ora pelo cientificismo positivista, ora pela ideologia oposta. Por exemplo, o dinamarquês Kierkegaard o cobre de sarcasmos e decreta o ponto de vista da subjetividade, do indivíduo existente, insuperável, recusando assim qualquer pretensão ao saber total ou objetivo. Todos os filósofos existencialistas do século XX o invocarão. Nietzsche sustenta que não há verdade, mas somente interpretações e ilusões, e que se deve aceitar alegremente esse fato e tirar proveito disso com um espírito de artista. Uma doutrina assim não deixa de apresentar importantes dificuldades de coerência, mas exerceu um intenso poder de sedução, notadamente sobre numerosos sociólogos.

A desconstrução da metafísica por Heidegger

Uma das mais terríveis arremetidas contra a filosofia foi a do grande pensador alemão Martin Heidegger (1889-1976). Ele afirma que a metafísica, ou seja, todo o pensamento ocidental, é fundada num erro, que intervém no pensamento de Platão. Aí opera-se uma má concepção do que é o ser, "um esquecimento do ser". Dessa má compreensão do ser decorre todo o pensamento técnico e científico de nossa civilização, que se afunda nessa relação errada com o ser em que conhecimento e ação visam somente à posse, à manipulação e finalmente à destruição do ser. A produção maciça de bombas atômicas bem como a poluição da natureza são a conseqüência infalível da tragédia intelectual que se consumou na época de Platão. Convém, por conseguinte, tentar reencontrar as concepções dos primeiros pensadores da humanidade, os pré-socráticos, dos quais nos restam alguns fragmentos, necessariamente obscuros e incompreensíveis para nós. Precisamos primeiro *destruir* o pensamento metafísico, analisando-o e "descontruindo-o", para tomar consciência dos erros nos quais ele é fundamentado. Foi a essa tarefa que Heidegger consagrou seus escritos e seu ensino. Somente então a humanidade poderá inaugurar uma nova relação com o ser e um "pensamento mais pensante", próximo da poesia.

Essa doutrina heideggeriana é uma formidável máquina de guerra, porquanto desqualifica todas as outras filosofias. Infelizmente este não é o lugar de empreender uma análise e uma crítica aprofundadas sua, mas parece-me que ela é apenas uma forma particularmente sutil e perversa de cepticismo e de questionamento da razão humana. A verdade é que ela seduziu consideravelmente a Universidade francesa, talvez porque pareça permitir transformar a história da filosofia em ator do pensamento vivo. Mas sempre se espera que os inúmeros discípulos de Heidegger façam outra coisa além de repisar a palavra encantatória do mestre e produzam afinal esse "pensamento mais pensante"...

Morte da filosofia?

Outro fator contribui para fazer duvidar da filosofia, a saber: a decepção da política e sobretudo a desilusão do comunismo. Pareceu que uma teoria racional (como a produzida por Marx, um aluno rebelde de Hegel) não conseguia produzir a felicidade da humanidade, mas, ao contrário, que sua aplicação acarretava uma servidão de campo de concentração. Bernard-Henri Lévy e André Glucksmann se proclamam "novos filósofos" e não são mais do que intelectuais de esquerda e decretam que se deve dar adeus às utopias e aos ideais, porque a razão tem essência totalitária. Que fazer então, a não ser desconfiar de todo pensamento crítico ou revolucionário e aceitar o mundo como ele é? E espantar-se-ão depois com o "silêncio dos intelectuais"...

Assim chegamos, neste final do século XX, ao paradoxo: a maioria dos pensadores designados e reconhecidos como filósofos tomam por tema central de sua reflexão "o fim da filosofia", sua morte e sua impossibilidade. Mas todas essas dúvidas, toda essa pusilanimidade acham-se de certo modo varridas pela aspiração atual do grande público à filosofia. Não, nosso mundo modelado pela técnica não é bom, nossa vida não nos torna felizes, parecem dizer todos os que são tomados repentinamente de interesse pela filosofia. Cada qual está em busca de justiça, de um caminho da felicidade e de um sentido novo para dar à sua existência. As ciências humanas, por muito tempo triunfantes, não podem trazer-nos verdadeiras respostas, pois, como já dissemos[4], seu objeto é o real, não o ideal ou o bem. Elas dizem o que *é* e o que se *pode* fazer, mas não o que se *deve* fazer.

Não estaria na hora de a filosofia despertar de sua letargia, de sua morosidade depressiva e suicida? Michel Foucault caçoava de Sartre como sendo o derradeiro filósofo a ter acreditado que a filosofia deveria "dizer o que era a vida, a morte, a sexualidade, se Deus existia ou se Deus não existia, o que era a liberdade" (por ocasião de uma entrevista em *Le magazine littéraire* de fevereiro de 1968). Mas estas são as questões que mais importam e que não podemos deixar de

---

4. Parte I, "O desejo é naturalmente bom?"

levar em conta por um mero desprezo! Parece-me que a filosofia deve novamente enfrentar esses problemas e que ela o pode. Minha esperança se baseia no fato de que a filosofia, ao longo de toda a sua história, nunca deixou de criticar a si mesma. Mas, no meio da profusão de pequenos pensadores que se limitam a repetir: "Não se pode saber", aparece, duas ou três vezes por século, um gênio que faz avançar o pensamento, produz novos conhecimentos e prova de certo modo a possibilidade do movimento ao caminhar.

Os últimos filósofos

O que sobra entre aqueles que ainda crêem na filosofia? Muitos recusam o empreendimento hegeliano de saber total. Pensam que a filosofia só pode ser perpetuamente inacabada, aberta a novidades. Organizaram esses pensamentos sob a denominação de "filosofias da diferença", para opô-las à metafísica tradicional e ao seu projeto de unificação racional do saber[5]. Assim, Gilles Deleuze redefine mais modestamente a filosofia como uma "fabricação de conceitos", destinados a pensar as coisas, em vez de uma elaboração de sistemas[6]. Alain Renaut, em sua obra *Sartre, le dernier philosophe* [Sartre, o último filósofo][7], sustenta a seguinte tese: a filosofia parece estar agonizante hoje porque o espírito humano produziu todas as grandes posições intelectuais possíveis. Não haverá mais novo sistema filosófico genial. Mas resta uma tarefa para cumprir, a de determinar qual é o sistema válido ao qual aderir hoje, em função do qual é preciso pensar e agir para modelar nosso mundo. De fato, Alain Renaut, assim como

---

5. Cf. François Laruelle, *Les philosophies de la différence*, PUF, 1986.
6. Gilles Deleuze e Félix Guattari, *Qu'est-ce que la philosophie?*, Éditions de Minuit, 1991.
7. Grasset, 1993.

Luc Ferry, louva-se em Kant e em seu sucessor Fichte. Essa corrente que poderíamos qualificar de neo-kantiana conta igualmente com uma personalidade de peso nos Estados Unidos, com John Rawls. Sua *Théorie de la justice* (*Uma teoria da justiça*), publicada em 1971[8], que se apresenta explicitamente como uma reatualização das teorias do contrato social de Rousseau e de Kant, conheceu nos Estados Unidos um sucesso incrível, muito além das esferas filosóficas, notadamente no meio dos juristas, dos homens que têm poder de decisão e dos políticos desprovidos de referências e de modelos, e alimentou grande quantidade de debates intelectuais. Mas há outras correntes filosóficas vivas hoje. Por exemplo, os tomistas dão seguimento à rica tradição do pensamento de Santo Tomás de Aquino. Outros filósofos são materialistas, notadamente os marxistas, e outros se dizem discípulos de Hegel, de Nietzsche ou de Husserl.

Por exemplo, um pensamento hegeliano vivo foi desenvolvido na França por Alexandre Kojève e Éric Weil e é prosseguido hoje por Bernard Bourgeois. Os dois primeiros citados não são, porém, muito fiéis ao pensamento profundo de Hegel, tal como o reproduz com um grande cuidado de exatidão e de ortodoxia Bernard Bourgeois. Entre os nietzschianos, mencionemos Michel Foucault e Gilles Deleuze. Mas impõe-se uma observação: a filosofia subsistente é ameaçada pelo mesmo problema que as ciências atuais, a saber, a especialização, o abandono dos problemas fundamentais e das visões globais pelo tratamento das questões específicas. Isso se verifica principalmente entre os continuadores da fenomenologia husserliana. Emmanuel Lévinas (1906-1996) concentra-se sobretudo na elaboração de uma ética, ainda que conteste a partir dela as concepções metafísicas tradicionais. Paul Ricœur dedica-se de modo muito especial à questão da hermenêutica, da interpretação do discurso. Michel Henry enfrenta

---

8. Trad. fr., Le Seuil, 1987 e trad. bras. Martins Fontes, São Paulo, 1997.

a fenomenologia na questão da Revelação divina em *L'essence de la manifestation* (A essência da manifestação)[9], e Jean-Luc Marion, retomando as reflexões heideggerianas sobre o ser e sobre a impossibilidade de enunciá-lo, especula de maneira muito árdua sobre *Dieu sans l'être* (Deus sem o ser)[10]. Em horizontes totalmente diferentes, mais epistemológicos, Michel Serres medita sobre o fenômeno da comunicação, notadamente em seus *Hermès* I a IV[11]. Os pensadores alemães Karl Otto Apel e Jürgen Habermas tentam dar à ética outros fundamentos que não metafísicos. O primeiro a fundamenta nos pressupostos da atividade científica, o segundo nos da comunicação entre os homens[12]. Fica claro que todos esses trabalhos particulares exigem ser levados em conta numa vasta síntese. Ocorre aos desenvolvimentos filosóficos recentes o mesmo que ao progresso das ciências. É muito inquietante pensar que a humanidade produz um saber que já nenhuma mente humana consegue abarcar. Convém porém criar para si uma visão geral do universo, guardando o essencial de cada disciplina e encontrando um pensamento que deixe essas visões parciais compatíveis.

Parece-me que a tarefa que compete aos pensadores de hoje é realmente a apontada por Alain Renaut, procurar a filosofia válida entre os grandes sistemas do passado, mas sem excluir a possibilidade que ele rejeita: se porventura não encontrarmos filosofia satisfatória que responda a todas as questões, não deveremos resolver-nos a criar uma filosofia nova? É para esse movimento que eu gostaria de contribuir através de obras de vulgarização tais como esta. Pois a difusão da filosofia é igualmente uma tarefa primordial hoje. E a vulgari-

---

9. PUF, 1963.
10. PUF, col. "Quadrige", 1991.
11. Éditions de Minuit, 1977.
12. Karl Otto Apel, *L'éthique à l'âge de la science*, Presses Universitaires de Lille, 1987. Jürgen Habermas, *Théorie de l'agir communicationnel*, Fayard, 1987.

zação pode ser o meio de operar uma abordagem crítica das grandes filosofias e de determinar o que valem esses sistemas complexos e sutis em face das interrogações e das exigências da consciência comum. Será operando uma síntese crítica da tradição filosófica que poderemos perceber se é necessário criar uma filosofia nova ou se uma doutrina consegue corresponder às nossas expectativas, caso em que conviria torná-la conhecida, pois ela não é manifestamente de notoriedade pública, e desenvolvê-la para aplicá-la aos nossos problemas.

Por outro lado, a vulgarização da filosofia deve ser consumada por inúmeras outras razões. Acima de tudo, para além da imperativa demanda pública que se exprime há uns tempos, a aspiração à compreensão de si mesmo e do mundo está profundamente arraigada no homem. Muitos de nós colocam-se questões filosóficas. Mas, em nosso sistema econômico, poucos têm a chance ou assumem o risco de dedicar dez anos de vida a esse estudo.

Da obscuridade dos filósofos

Ademais, ocorre que a maioria dos livros de filosofia são obscuros e incompreensíveis à maioria dos mortais. Isso se deve, mais ainda do que ao jargão deles, conjunto de termos técnicos necessários a qualquer ciência ou disciplina, à densidade do discurso. Pois os filósofos são especialistas que escrevem para outros especialistas que possuem a mesma cultura inicial deles. Não perdem tempo em tornar a explicar tudo. A *Crítica da razão pura* de Kant já conta com umas seiscentas páginas e é redigida num estilo abrupto: nela é tratada, por exemplo, "a unidade originariamente sintética da apercepção transcendental" e outras "gracinhas" do gênero, linha após linha. Kant desculpa-se no *Prefácio* da primeira edição: não teve tempo de ser mais claro e, notadamente, de dar exemplos para ilustrar seu pensamento. Questão: quantas páginas totalizaria a *Crítica da razão pura* se Kant tivesse tentado ser perfeitamente explícito e acessível a todos? Vários milhares! Logo, não devemos censurar os autores de incapacidade de clareza, nem sequer os acusar de obscuridade deliberada, destinada a mascarar a indigência de suas idéias (isso é às vezes verdadeiro de certos autores contemporâneos, mas não de autênticos filósofos). Convém ficar consciente de que a incompreensão resulta a um só tempo da necessária densidade das abstrações e da modéstia de nossas forças intelectuais. Mas também não se deve lamentar-se e achar-se desprovido de qualquer inteligência, como fazem por vezes os neófitos, se não se consegue compreender a menor página de Kant ou da *Ética* de Spinoza. Não há vergonha nenhuma nisso. Há que contar primeiro com vários anos de estudos especializados e intensivos antes de poder ler a filosofia no texto original dos grandes autores. A mediação de professores, que explicam e obrigam também a fazer esforços para compreender por si mesmo, parece indispensável.

Aposta filosófica, aposta democrática

Entretanto, os pensadores não podem contentar-se em ficar entre si, em sua torre de marfim, e esperar que se queira consagrar anos de estudo e de esforço para chegar até eles. Não se pode conceber uma sociedade composta de puros intelectuais e tampouco é bom que formem uma casta que despreza a maioria dos mortais. É preciso que os homens envolvidos na ação e na vida econômica possam participar também das luzes espirituais. É este um dos objetivos da filosofia: humanizar o homem. Essa participação é também uma condição da democracia. Por muito tempo os letrados fecharam o saber, porque era considerado perigoso. Não queriam que qualquer homem pudesse ter acesso a ele, pois o saber proporciona poder e quem estivesse animado de intenções impuras poderia dar-lhe mau uso. Há também esta outra razão: a detenção do saber favorece o prestígio e o respeito das autoridades eruditas, ao passo que sua difusão as expõe à crítica e ao descrédito. Mas a democracia é fundada numa aposta: que cada homem seja uma parte do poder soberano. Isso supõe que cada homem seja informado e capaz de julgar bem, com conhecimento de causa[13]. Se se elege um presidente da República baseado em sua gravata ou em sua boa aparência e não num programa sério, não há democracia, mas demagogia, manipulação do povo. Para que a democracia seja efetiva, é preciso que os cidadãos sejam instruídos e compreendam os grandes lances morais e políticos. Era a esse objetivo que correspondia a instauração de um ensino filosófico no fim dos estudos secundários, antes de qualquer formação especializada. Mas esse ensino precisou ser prolongado, pois, segundo o testemunho geral, aos dezessete ou dezoito anos, é-se ainda jovem demais para sentir-se realmente concernido por problemas que se colocarão com acuidade somente mais tarde. Quantas pessoas dizem, já aos vinte e três ou vinte e cinco anos de idade: "No segundo grau, eu ainda não era bastante maduro. Agora é que eu me formulo questões e gostaria de seguir uma formação filosófica." Infelizmente, esse desejo fica irrealizado por causa das necessidades da inserção profissional, bem como da dificuldade e da obscuridade das obras filosóficas. É por isso que a difusão da filosofia é um lance essencial de nosso tempo. Isso aproveitará à sociedade dos homens, mas também à própria pesquisa filosófica, que será aguilhoada pelas eventuais insuficiências reveladas pela realização dessa síntese crítica e divulgadora.

---

13. Como mostra vigorosamente J.-J. Rousseau em seu *O contrato social* (trad. bras. Martins Fontes, São Paulo, 1996).

Bibliografia

O pensamento moderno, sua gênese, e o problema da moral

BAUDRILLARD, J. *La société de consommation*, Denöel, 1970 (e col. "Folio-essais").
DELEUZE, G. e GUATTARI, F., *L'anti-Œdipe, capitalisme et schizophrénie*, Éditions de Minuit, 1972.
FERRY, L., *Le nouvel ordre écologique*, Grasset, 1992.
——, *L'homme-Dieu, ou le sens de la vie*, Grasset, 1996.
——, e RENAUT, A., *La pensée 68*, Gallimard, 1985.
——, e RENAUT, A., *68-86, itinéraires de l'individu*, Gallimard, 1987.
LIPOVETSKY, G., L'ère du vide, *Essais sur l'individualisme contemporain*, Gallimard, 1983.
——, *Le crépuscule du devoir*, Gallimard, 1992.
LYOTARD, J.-F., *La condition postmoderne*, Éditions de Minuit, 1979.
NIETZSCHE, F., *Généalogie de la morale*, Gallimard, 1964.
RENAUT, A., *L'ère de l'individu*, Gallimard, 1989.
ROUSSEAU, J.-J., *Discours sur l'origine de l'inégalité parmi les hommes*, Garnier-Flammarion.
RUSS, J., *La pensée éthique contemporaine*, PUF, col. "Que sais-je", nº 2834, 1995.
SARTRE, J.-P., *L'existentialisme est un humanisme*, Gallimard, 1996.

SARTRE, J.-P., *Cahiers pour une morale*, Gallimard, 1983.
WEBER, M., *L'éthique protestante et l'esprit du capitalisme*, 1904, trad. fr. Plon, 1964.

A psicanálise e o freudo-marxismo

FREUD, S., *Cinq leçons sur la psychanalyse*, Payot, 1985.
——, *Introduction à la psychanalyse*, Payot, 1981 (ou seu comentário por Michel HAAR, Hatier, col. "Profil", 1973).
——, *Cinq psychanalyses*, PUF, 1954.
——, *Malaise dans la civilisation*, PUF, 1971.
FROMM, E., *Avoir ou être*, Laffont, 1978.
MARCUSE, H., *Éros et civilisation*, Éditions de Minuit, 1963.
——, *L'homme unidimensionnel*, Éditions de Minuit, 1968.
REICH, W., *La fonction de l'orgasme*, L'Arche, 1986.
——, W., *La révolution sexuelle*, Bourgois, 1993.

Materialismos científicos contemporâneos

CHANGEUX, J.-P., *L'homme neuronal*, Fayart, 1983.
MONOD, J., *Le hasard et la nécessité*, Le Seuil, 1970.
VINCENT, J.-D., *Biologie des passions*, Odile Jacob, 1986.

Algumas grandes sabedorias

EPICTETO, *Manuel*, Garnier-Flammarion.
EPICURO, *Lettre à Ménécée*, Hatier, 1984.
FAURE, B., *Le bouddhisme*, Flammarion, col. "Dominos", nº 109.
LUCRÉCIO, *De la Nature*, Garnier-Flammarion, 1964.
MARCO AURÉLIO, *Pensées pour moi-même*, Garnier-Flammarion.
SCHOPENHAUER, A., *Le monde comme volonté et comme représentation*, PUF, 1966.
——, *Aphorismes sur la sagesse dans l'existence*, PUF, col. "Quadrige", 1943. *Les Stoïciens*, Gallimard, col. "La Pléiade", 1962.

Algumas sabedorias contemporâneas

COMTE-SPONVILLE, A., *Traité du désespoir et de la béatitude*, I, *Le mythe d'Icare*; II, *Vivre*, PUF, 1984, 1988.
MISRAHI, R., *Traité du bonheur*, 2 tomos, Le Seuil, 1983.
ROSSET, C., *La force majeure*, Éditions de Minuit, 1983.
——, *La philosophie tragique*, PUF, 1991.

Platão e os sofistas

PLATÃO, *Protagoras, Gorgias et autres dialogues*, Garnier-Flammarion, 1967.
——, *Phédon*, Garnier-Flammarion, 1965.
——, *Le banquet, Phèdre*, Garnier-Flammarion, 1964.
——, *La République*, Garnier-Flammarion, 1966.
——, *Sophiste, Philèbe et autres dialogues*, Garnier-Flammarion, 1969.
MANON, S., *Platon*, Bordas, col. "Pour connaître", 1986.
ROBIN, L., *Platon*, PUF, 1994.

Aristóteles

ARISTÓTELES, *La métaphysique*, J. Vrin, 1981.
——, *L'éthique à Nicomaque*, J. Vrin, 1983.
GAUTHIER, P.-A., *La morale d'Aristote*, PUF.
ROSS, D., *Aristote*, Gordon & Breach, 1971.

Descartes

DESCARTES, R., *Discours de la méthode*, Garnier-Flammarion, 1966.
——, *Méditations méthaphysiques*, Garnier-Flammarion, 1979.
——, *Les passions de l'âme*, Garnier-Flammarion, 1966.
ALAIN, *Propos sur le bonheur*, Gallimard, col. "Folio", 1928.
ALQUIÉ, F., *La découverte méthaphysique de l'homme chez Descartes*, PUF, 1950.
GRIMALDI, N., *L'expérience de la pensée dans la philosophie de Descartes*, Vrin, 1978.

O mimetismo do desejo

GIRARD, R., *La violence et le sacré*, Grasset, 1972.
——, *Des choses chachées depuis la fondation du monde*, Grasset, 1978.
——, *Mensonge romantique et vérité romanesque*, Hachette, 1985.
HEGEL, G. W. F., *Phénoménologie de l'esprit*, Aubier, 1941.
SARTRE, J.-P., *L'être et le néant*, Gallimard, 1943.
SPINOZA, *L'éthique*, Garnier-Flammarion, 1965.

Deus e as religiões

BERNHEIM, M. e STAVRIDES, G., *Paradis, paradis*, Plon, 1991.
ELIADE, M., e COULIANO, I., *Dictionnaire des religions*, Plon, 1990.
GILSON, E., *Le thomisme*, Vrin, 1989.
KANT, E., *Critique de la raison pure*, Gallimard, col. "Folio", 1980.
——, *Critique de la raison pratique*, Gallimard, col. "Folio", 1985.
——, *La religion dans les limites de la simple raison*, in *Œuvres philosophiques*, tomo III, Gallimard, col. "La Pléiade", 1986.
KIERKEGAARD, S., *Traité du désespoir*, Gallimard, 1949.
——, *Le concept de l'angoisse*, Gallimard, 1935.
——, *Post-scriptum aux miettes philosophiques*, Gallimard, 1989.
PASCAL, B., *Pensées*, Edição Brunschvicq, Garnier-Flammarion, 1976.
TOMÁS DE AQUINO, *Somme théologique*, Cerf, 1986.
TRESMONTANT, C., *La méthaphysique du christianisme et la naissance de la philosophie chrétienne*, Le Seuil, 1961.
——, *Comment se pose haujourd'hui le problème de l'existence de Dieu*, Le Seuil, 1966.

Situação e evolução da filosofia

BOURGEOIS, *Études hégéliennes*, PUF, 1992.
——, *Éternité et historicité de l'esprit selon Hegel*, J. Vrin, 1991.
——, *Philosophie et droits de l'homme*, PUF, 1990.
DELEUZE, G., e GUATTARI, F., *Qu'est-ce que la philosophie?*, Éditions de Minuit, 1991.
D'ESPAGNAT, B., *À la recherche du réel*, Gauthier-Villars, 1981.
FOUCAULT, M., *Les mots et les choses*, Gallimard, 1966.
GLUCKSMANN, A., *La cuisinière et le mangeur d'homme*, Seuil, 1975.
——, *Les maîtres penseurs*, Grasset, 1977.
HEGEL, G. W. F., *Encyclopédie des sciences philosophiques, I – La science de la logique, III – Philosophie de l'esprit*, J. Vrin, 1970, 1988.
——, *Leçons sur l'histoire de la philosophie*, 7 volumes, J. Vrin.
HEIDEGGER, M., *Qu'est-ce que la méthaphysique?*, in *Questions I*, Gallimard, 1968.
HUME, D., *Enquête sur l'entendement humain*, Garnier-Flammarion, 1983.
HUSSERL, E., *La philosophie comme science rigoureuse*, PUF, 1989.
——, *La crise de l'humanité européenne et la philosophie*, Aubier, 1977.
——, *La crise des sciences européenne et la phénoménologie transcendantale*, Gallimard, 1976.
KOJÈVE, A., *Introduction à la lecture de Hegel*, Gallimard, col. "Tel", 1979.
——, *Essai d'une histoire raisonnée de la philosophie païenne*, 3 tomos, Gallimard, 1968.
——, *Le concept, le temps et le discours, introduction au système du savoir*, Gallimard, 1990.
KUHN, T., *La structure des révolutions scientifiques*, Flammarion, col. "Champs", 1983.
LARUELLE, F., *Les philosophies de la différence*, PUF, 1986.
LÉVY, B. H., *La barbarie à visage humain*, Grasset, 1977.

RENAUT, A., *Sartre, le dernier philosophe*, Grasset, 1993.
ROUSSEAU, J.-J., *Du contrat social*, Garnier-Flammarion, 1966.
RUSS, J., *La marche des idées contemporaines, un panorama de la modernité*, Armand Colin, 1994.
WEIL, É., *Logique de la philosophie*, J. Vrin, 1985.